O LIVRO DOS SONHOS

Gabriel Chalita

Doutor em Direito e em Comunicação e Semiótica
Mestre em Direito e em Ciências Sociais
Presidente do Conselho Nacional de Secretários de Educação
Secretário de Estado da Educação de São Paulo
Membro da Academia Paulista de Letras

Companhia Editora Nacional

Presidente	Jorge A. M. Yunes
Diretor superintendente	Jorge Yunes
Diretora editorial	Beatriz Yunes Guarita
Gerente editorial	Antonio Nicolau Youssef
Coordenador editorial	Fernando Santos
Editora	Sandra Almeida
Assistente editorial	Edson Yukio Nakashima
Coordenadora de preparação e revisão	Marília Rodela Oliveira
Preparadores e revisores	Edgar Costa Silva Irene Hikichi Nelson José de Camargo Sérgio Limolli
Editora de arte	Sabrina Lotfi Hollo
Assistentes de arte	Erica de Oliveira Mendonça Rodrigues Priscila Zenari Thatiana Kalaes Tiago Oliveira
Produtora editorial	Lisete Rotenberg Levinbook
Capa e projeto gráfico	Maria Del Mar Reyes

Dados Internacionais de Catalogação na Publicação (CIP)
(Câmara Brasileira do Livro, SP, Brasil)

Chalita, Gabriel
O livro dos sonhos / Gabriel Chalita. – 3. ed. – São Paulo :
Companhia Editora Nacional, 2006.

ISBN 85-04-00969-6

1. Arte de contar histórias 2. Sonhos 3. Sonhos lúcidos I. Título.

06-0671 CDD-808.80353

Índices para catálogo sistemático:
1. Sonhos : Narrativas : Literatura 808.80353

2006

Companhia Editora Nacional

Av. Alexandre Mackenzie, 619 – Jaguaré
São Paulo – SP – 05322-000 – Brasil
Tel.: (11) 6099-7799
www.ibep-nacional.com.br
editoras@ibep-nacional.com.br

Se eu me sentir sono,
E quiser dormir,
Naquele abandono
Que é o não sentir,
Quero que me aconteça
Quando eu estiver
Pousando a cabeça,
Não num chão qualquer,
Mas onde sob os ramos
Uma árvore faz
A sombra em que bebamos,
A sombra da paz.

Fernando Pessoa, Poesias coligidas: inéditas 1919-1935.

Oferecimento

Para um menino que se fez homem.
Para um homem que mantém a docilidade de um menino.
Para um filho, irmão, amigo...
Sonhador.

Sávio Ibrahim Viana

Sumário

Introdução

Existir depende de dois componentes fundamentais: o caminho e a realidade última. O caminho é o fluxo, em movimento contínuo. O fim é o processo cósmico, no qual estão envolvidas todas as coisas no universo. No caminho, o sonho nos acompanha; no fim, o sonho nos acolherá. O fluxo e a mudança pertencem ao caminho e constituem as fases essenciais da natureza.

A vida é dual. O universo é dual. Alguma coisa é alguma coisa e o seu contrário, tudo a um tempo em movimento contínuo.

As marés são duas. Ou uma só, subida e descida? E o dia e a noite? E a cópula, no seu movimento de onda e de maré? E a luz com a sombra, que é dela inseparável? E o passado e o futuro? E o que foi e o que vem? E o bem e o mal, que nenhum é sem o outro?

Jamais podemos afirmar que algo existe ou não existe, porque tudo é a um tempo existência e não-existência.

Duais são a vida e a morte. Um arquétipo de vida e morte é a grande árvore da vida, que representa a fé na natureza e na continuidade da força vital após a morte. Isso faz parte do sonho, que ajuda a atravessar a morte e o morrer.

De acordo com a teoria junguiana, o mundo dos sonhos é o mundo interior, rio do inconsciente, que corre por baixo do mundo conhecido. A vida revela segredos através dos sonhos, para a resolução dos conflitos íntimos, existenciais, com a mesma linguagem simbólica das artes, dos mitos, dos rituais religiosos e do folclore.

Se sonhar dormindo, a criatura está no caminho da solução dos mistérios do ser e do vir a ser. Se acordado sonhar, o homem perfaz o caminho para a realização, o futuro, a transformação, o crescimento, a criação e a glória.

É essa a destinação. Tudo que se fez, se faz e se fará de sublime partiu dessa semente. E tudo que o homem imagina, ele realizará daí a alguns anos ou daí a alguns séculos, ou daí a alguns milênios. Por essa razão, reunimos neste livro alguns grandes sonhos. Os que movimentaram as radicais transformações, iluminaram e abriram caminho para a ascensão da humanidade.

Além das conversas de aqui e acolá, são os sonhos que seguram o mundo em sua órbita. Isso eu li em qualquer parte. Mas são também os sonhos que lhe fazem coroas de luas. Por isso, o céu é o resplendor que há dentro da cabeça dos homens, o próprio céu.

O fato óbvio, à mais superficial observação, é que a humanidade não se tornou mais sábia, apesar dos extraordinários inventos — e apesar da sua difusão e de estarem as técnicas, os aparelhos eletrônicos e as invenções em geral ao alcance de todos. Isto é, ao alcance de todos, se excetuarmos aqueles que vivem à margem do processo por falta de oportunidade ou de coragem, filha da educação libertadora.

Como foi que chegamos a isso?

A não ser para alguns privilegiados, na vertiginosa vida moderna, não há mais espaço para devanear. O mundo desaprendeu o caminho. Os sonhos de hoje em dia não são sonhos. São desejos materialistas. São consumidos rapidamente. Efêmeros. Falta o conhecimento da excelência vital para de fato sonharmos.

Como foi que chegamos a isso?

O sonho está no princípio. É o verbo. É o sêmen, o ponto de partida, a invenção, a esperança.

O que é mais importante? O sonhar ou o agir? O caminho ou o fim?

Voltamos ao dual. Um não existirá sem o outro.

Nasceria a futura árvore sem a semente? Existiria a semente sem a passada árvore?

Não há nada no mundo, nem houve e nem haverá, a não ser precedido de anelo. Nada que não tenha sido sonhado.

Será o sonho o contrário da realidade? O sonho participa da poesia, no conhecimento intuitivo, na pré-visão do mundo. Digamos que é uma pré-realidade.

A idade a que se destina esta leitura é a dos porquês. Idade em que o quê e o quando e tudo que acontece no mundo ainda não aconteceu. Move-nos a esperança de que o adolescente, ao ler estas notícias, estas notas de leitura, estas acontecências, enfim, estes sonhos e os seus corolários, esses meninos e meninas que tudo vêem pela primeira vez tenham a curiosidade de consultar as narrações completas dos sonhos de que se originaram. Com isso, crescerão. E sonharão também os seus sonhos, para a transformação do mundo. Quando escrevi esse livro, em 2000, pensava nos adolescentes com quem trabalhava. O universo insaciável, as perguntas, a carência. Nesta nova edição, depois de uns remendos aqui, outros acolá, sem mexer na essência, sei que todos nós, adolescentes ou não, precisamos dessa chama que mantém aceso o nosso sonho.

Não importa que o sonho por si mesmo seja pouco claro. Que a sua morada seja a bruma, a penumbra, a neblina, o crepúsculo e, sobretudo (para os poetas, os loucos e os amantes), o luar. Que importa que ele habite o enigma? Que importa que se esconda no imo e no silêncio, ou no desconhecimento, ou no letargo? Ele despertará e virá à tona, à luz e à vida, e viverá para sempre, pois que seu apanágio é a imortalidade.

O que se pode afirmar é que o sonho é uma antecipação do futuro, se o considerarmos no tempo. Uma antecipação da realidade, se o considerarmos na essência.

Capítulo 1

O sonho do ouro

O sonho de transformar tudo em ouro

Sátiros eram criaturas que acompanhavam Dionísio em suas algazarras. Quando envelheciam, recebiam o nome de silenos. Um deles, o beberrão Sileno, filho de Pã, era conhecido como "pai dos sátiros", e nesse sentido era tratado como se fosse o pai adotivo de Dionísio. Sileno era uma criatura feia e disforme, de nariz chato, lábios muito grossos e uma cauda de cavalo.

De uma feita, Sileno, após uma monumental bebedeira, adormeceu nos campos. Por aquele lugar, passeava o rei da Frígia, Midas, quando percebeu Sileno em sono profundo, imóvel. O único sinal que dava de vida eram seus roncos pesados e estrondosos. Os camponeses se assustaram, enquanto Midas, dotado de poderes mágicos, logo reconheceu Sileno. Mandou que o transportassem até seu palácio para que dele cuidassem. E assim foi feito. Sileno foi tratado por belas escravas, que o despiram de suas vestes enxovalhadas, banharam-no com os melhores sais aromáticos, até que o cheiro forte do vinho o abandonasse, e o vestiram com túnicas bordadas. Feito isso, as escravas trouxeram-lhe sucos e hidromel para que se recuperasse de vez. Uma vez limpo, vestido luxuosamente e bem-disposto, foi levado à presença de Midas. O rei ordenou que se realizasse um lauto banquete para Sileno. Foi quando Sileno disse a Midas que preferia voltar à companhia de Dionísio, para acompanhá-lo em seus delirantes festejos regados a vinho.

Disse, em seguida, ao rei:

— Meu amigo Midas, agradeço por tudo o que você fez por mim; estou muito grato por tê-lo como tão grande amigo — cumprimentou-o afetuosamente, e acrescentou:

— Em retribuição à sua amizade, vou realizar seu maior desejo. Pense no que você mais quer e eu lhe darei!

Surpreso com a oferta, Midas abriu um grande sorriso e disse a Sileno:

— Eu? Você me dará o que eu quiser? — perguntou.

— Sim, meu amigo. É só você me dizer o que deseja — disse Sileno, todo ouvidos.

Midas então lembrou-se de um antigo desejo.

— Então faça com que tudo aquilo que eu tocar se transforme em ouro.

Sileno, um tanto perplexo, retrucou:

— Tudo?!

— Sim, que tudo que eu toque se transforme em ouro!

— Seja, então, realizado o que você quer.

E calou-se pensativo, depois continuou:

— A partir de amanhã assim será feito — disse, com um sorriso malicioso. Midas, não cabendo em si de tanto contentamento, agradeceu.

O rei passou insone aquela noite, agitado, a voz de Sileno ainda em seus ouvidos: "Amanhã assim será feito, amanhã assim será feito...".

No dia seguinte, quando os primeiros raios do sol surgiram, Midas levantou-se aos pulos da cama. Percebeu, maravilhado, que as cobertas e as cortinas em que pusera as mãos haviam se transformado em ouro. Então era verdade! Tudo o que tocava virava ouro maciço, reluzente. Começou, eufórico, a passar a mão em tudo o que via ao seu alcance: o guarda-roupas, o que estava dentro, mesas, cadeiras, objetos, tapetes e vasos. Curvou-se e tocou o chão, engatinhando e... tudo se transformava em ouro, o tão desejado ouro!

Levantou-se e começou a rodopiar de braços abertos, gargalhando de felicidade e prazer. Com esse sentimento, dirigiu-se aos jardins do palácio para continuar a magia. Acariciou as flores, todas elas, desde rosas, jasmins e miosótis, e seus olhos refletiram o ouro em que elas se transformavam! Estava pasmo, parecia enfeitiçado! À sua volta, tudo era ouro cintilante!

Exausto pela excitação de que fora tomado, retornou ao palácio para o desjejum. A visão daquela enorme mesa, repleta de pães, manteiga, bolos, geléias, queijos de todas as qualidades, frutas maduras e suculentas, biscoitos finos e doces feitos com esmero, encheu-lhe a boca de água.

Com o apetite redobrado pela paixão do ouro, pôs-se a lavar as mãos antes de degustar aquelas delícias. Mas, assim que apanhou a toalha para secar as mãos, viu que segurava uma toalha de fios de ouro. Enxugou as mãos nessa dourada maciez, agradecendo efusivamente a Sileno que, a essas horas, já devia estar longe, tragando jarras e jarras de vinho com Dionísio.

Arrastou a cadeira para sentar-se. Ela que na hora transformou-se em ouro. Esticou o braço, apanhou o pão e quase quebrou os dentes ao tentar mordê-lo. O pão também se transformara em ouro. Tentou apanhar uma maçã: ouro. Um pedaço de bolo: ouro. Um gole de chá: ouro. Por Zeus! O que fazer com tanto ouro?

— Tenho fome! Quero comer! — bradou irritado.

A euforia inicial havia esmaecido. Quer dizer que nem mais comer ele poderia? Daria tudo por um café da manhã suculento. Abatido, começou a se dar conta do que pedira a Sileno. Tudo o que tocou naquela mesa virou ouro: pratos, toalhas, talheres, louças... Não havia pensado que "tudo" era realmente "tudo".

Surgindo à porta do salão, a filha de Midas espantou-se ao ver na sala, ainda escura, o vulto do seu pai sentado, cabisbaixo e entristecido. Correu o mais depressa que pôde para inteirar-se do que ocorria e, antes que Midas pudesse impedi-la, a mocinha abraçou-o fortemente. Qual não foi o desespero do rei ao ver sua filha transformada em uma estatueta de ouro! Midas chorou, gritou, quase enlouqueceu à visão daquela sala de ouro e da estátua de sua filha, linda, dourada, mas sem vida, gelada, imóvel.

Estarrecido, quase desfalecendo, saiu daquele recinto em direção ao jardim, amaldiçoando sua desmesurada ambição. Em prantos, percorria o jardim e, por onde passava, tudo se transformava em ouro: as plantas, o chão, a água do chafariz; não mais podia encostar em nada. Nem levemente, pois tudo se transfigurava em ouro. O que antes lhe parecera um sonho, era agora um pesadelo.

Caminhou, caminhou, lamentando-se e culpando-se, até que tombou sobre a grama dourada, desmaiado pelo cansaço. Não queria mais entrar no palácio e sentir novamente o desgosto pelo que fizera à filha. Lembrou-se de Sileno e bradou seu nome o mais alto que pôde:

— Sileno! Sileno! Misericórdia! Não quero mais esse dom!

Seu grito ecoou por entre as árvores, campos, montanhas. A natureza parecia indiferente ao seu sofrimento; a brisa continuava a fazer as folhas bailarem, o sol buscava o ocaso e a escuridão tomava conta da paisagem. Anoiteceu. Pobre rei, a chorar solitário e arrependido da sua ganância... chorava gotas de ouro que se espalhavam pelo chão.

Os serviçais do palácio, ao perceberem o desaparecimento do rei, empreenderam uma corrida para encontrá-lo. Vasculharam por todo canto até que, um deles, vendo Midas caído ao solo, apressou-se em acudi-lo.

— Afastem-se de mim! Não cheguem perto! Afastem-se! — murmurou, enfraquecido pela dor e pelas horas sem alimento.

Receosos em desobedecer às ordens do seu rei, os servos retiraram-se para o palácio, consternados pela situação de Midas, que permanecia em pranto inconsolável.

Quando a lua já se encontrava no meio do céu, iluminando tenuamente aquele jardim dourado, eis que, bruscamente, uma claridade intensa brilhou, despertando o rei de seus pesadelos. Midas pensou que fosse o Sol.

— Será que já amanheceu? — perguntou a si mesmo.

Olhou ao redor, assustado, e ouviu uma voz que o assombrou:

— Falta pouco — disse uma voz maliciosa. — Sou eu, Sileno, seu amigo. Você não me chamou?

Tomado por grande furor, Midas permaneceu silencioso. Não

conseguia responder, tal o ódio que sentia do velho sátiro beberrão.

Sileno provocou-o, velhaco:

— Então, é bom mesmo transformar tudo em ouro?

Midas explodiu, furioso:

— Você é um demônio, Sileno! Fazer-me passar por isso tudo já sabendo o que aconteceria! Você bem que poderia ter me contado!

Esgueirando-se para perto de Midas, Sileno sentou-se ao seu lado, quieto. Olhou para Midas e disse:

— Quer dizer que não quer mais o dom que tanto desejava? — instigou.

— De que me vale só ouro? Quero minha filha, quero poder comer, quero minha vida de volta! — choramingou.

Sileno, vendo o pobre Midas faminto, sedento e desesperado, aconselhou-o a apanhar a água do rio Pactolo; ela faria com que o encanto desaparecesse.

De um salto, Midas levantou-se abruptamente do chão de ouro e, já em direção ao rio, foi interrompido por Sileno:

— Pare! Você precisa aguardar o amanhecer, senão o encanto não se desfará!

Assim, permaneceram Midas e Sileno, um ao lado do outro, sem nada dizer, esperando pela alvorada. Mal o dia clareou, Sileno partiu sem que Midas percebesse. O rei levantou-se e, em atropelado desespero, correu até a cabana dos serviçais, tomou um jarro, que logo se transformou em ouro, e em desatinada marcha chegou às margens do rio Pactolo, afundando o jarro em suas águas. Ao recolhê-lo, não era mais de ouro, mas, como antes, de louça. Feliz e apressado, tratou de jogar aquela água por onde passava, e tudo voltou a ser o que era antes: a relva tornou-se verde, voltaram as cores das flores, da terra. Agitado, subiu as escadarias como um relâmpago, e despejou a água na estátua de ouro em que transformara a sua filha. A mocinha mexeu-se, olhou para o pai e sorriu, repreendendo-o por dar-lhe banho àquela hora da madrugada. E, ainda por cima, frio!

Surpreendida com a situação, perguntou ao pai:

— O que aconteceu comigo? Por que você está molhado?

A filha jamais obteve resposta. Midas mergulhou em silêncio. Nunca contaria a ninguém sobre sua tremenda asneira.

Esquecera-se de que o esperto Sileno estava a par de tudo. Sileno voltou ao castelo de Midas enquanto ele cochilava na penumbra do quarto. Já estava mais calmo, esquecido da triste aventura em que se metera: o toque do ouro. Não lhe valera de nada aquele dom, que a princípio o encantou, levando-o depois à beira da loucura. Sentira na própria pele como os deuses são astuciosos e como lhes aprazia divertirem-se à custa da ingenuidade e das fraquezas dos humanos.

Pressentindo algo de estranho, Midas acordou, olhou à sua volta e se deparou com o vulto de Sileno, envolto numa fumaça prateada e luminosa, que era sua característica. Tal visão causou uma certa perturbação no rei, por pensar que a Sileno era possibilitado saber o que o rei pensava. Era verdade. O próprio sátiro o demonstrou.

Percebendo que Midas não aprendera nada com a lição, e continuava prepotente e ambicioso, Sileno resolveu impor-lhe um castigo que o lembrasse para sempre do ocorrido.

Olhou sarcasticamente para Midas e perguntou-lhe:

— Não seria interessante ganhar um par de orelhas de burro para ajudá-lo a se recordar dos dons mágicos que já teve?

Pego de surpresa, o rei não teve tempo de revidar; Sileno já estava longe.

— Quanta bobagem — pensou, balançando a cabeça.

Foi aí que sentiu que abanava as orelhas, tomando ciência do que o sátiro lhe fizera:

— Por Zeus! Que orelhas compridas são estas? — e, examinando-se no espelho pendurado na parede, deu-se conta — Orelhas... de burro! Sileno colocou-me orelhas de burro!

Não sabia o que fazer, estava estupefato!

Para que ninguém descobrisse tal anormalidade, Midas correu em busca de um gorro comprido e afundou-o na cabeça. À chegada dos camareiros para vesti-lo, Midas permaneceu no leito, recostado nos travesseiros, e depressa pensou em algo para lhes dizer:

— Está proclamada uma nova lei: a partir de hoje, todos os homens do reino estão obrigados a usar gorro, dia e noite. Assim como as mulheres usam brincos, os homens usarão gorros. Tragam o modelista à minha real presença!

A partir daquele dia, a ordem passou a ser cumprida. Não havia um cidadão no reino que não tivesse a cabeça coberta por um gorro. Eram de várias formas, confeccionados em vários tecidos, várias cores, e o rei os possuía às centenas. Encomendava cada vez mais gorros, adequados a todas as situações: para uso diário, para cerimônias, para passeios, para caçadas.

Até que, um dia, os cabelos do rei cresceram de tal forma que precisaram ser aparados. Passado o ímpeto inicial de promulgar nova lei, declarando que todos os homens do reino deveriam deixar crescer os cabelos até o chão, Midas ponderou. Lembrou-se dos protestos de sua mulher, sua filha e seus ministros contra a lei anterior, e mudou sua estratégia.

Mandou chamar o barbeiro e trancafiou-se com o pobre homem no banheiro com espelhos a toda volta. Tirou o gorro. O barbeiro quase desmaiou ao ver suas orelhas gigantescas e peludas. Passou um bom tempo em estado de choque até que Midas contou-lhe sobre o feitiço de Sileno — omitindo, por certo, a aventura anterior do ouro.

Inventou ao barbeiro que fora castigado por Sileno por um gesto genioso do deus: por ciúme da lua. Dito isto, ordenou ao homem que lhe cortasse os cabelos tão bem quanto calasse a boca. Se, por acaso, algum dos seus súditos soubesse sobre suas orelhas, era culpa de quem as vira, e só quem as tinha visto era ele, o barbeiro. E para o culpado não pouparia atrocidades: sua língua seria decepada, e depois seria decapitado.

— Pois não, majestade, é lógico, majestade...

E não se ouviu uma só palavra sobre o assunto.

A corte vivia dentro da nova moda, e tanto as mulheres quanto os estilistas se esmeravam em criar e produzir novos modelos de gorros. A indústria de gorros crescia a olhos vistos, promoviam-se concursos e premiações para o mais belo deles.

Passou-se o tempo, e o barbeiro, já entrado em anos, morreu. Pobre Midas! O que faria, agora, sem a cumplicidade daquele homem honesto e de palavra?

O rei, desanimado, quase abandonava a idéia de convencer outro barbeiro das suas lorotas, quando apareceu um rapaz que se iniciava no ofício. Midas, então, pregou-lhe a mesma mentira e fez-lhe as mesmas ameaças.

O novo barbeiro era um moço simpático, bem-falante, amigo de todos, contador de casos, piadista. Perguntou ao rei se nem às bacantes e a Dionísio poderia revelar o ocorrido. Midas enfureceu-se, perdeu a calma, esbravejou e aí o rapaz entendeu a dimensão do segredo e calou-se.

A vida no reino continuava como sempre. Gorros e mais gorros. E o novo barbeiro, sabedor do motivo de tão esdrúxula moda, tinha de ficar calado. Era como se fosse uma comichão. Guardar um segredo dessa monta começou a corroer suas entranhas. O pobre rapaz, antes o mais alegre do reino, principiou a calar-se cada vez mais. Agoniado com a confidência do rei, que jamais poderia revelar, o moço ia empalidecendo. Não freqüentava mais festas, pouco conversava com os amigos, retraía-se mais e mais.

As pessoas estranhavam o comportamento do rapaz e os boatos corriam: estaria apaixonado? Mas ninguém descobria por quem, não existia no reino uma moça que não o quisesse por namorado. Era tão bonito, gentil, divertido... Por que mudara tanto? Os murmúrios aumentavam.

Cada vez mais magro, pálido e insone, o barbeiro não suportava mais ser o guardião daquele segredo; sentia-se sufocado, inquieto, angustiado.

Certo dia teve uma idéia para livrar-se daquela tortura e a pôs em prática: afastou-se sete léguas da cidade, cavou um imenso buraco de setenta metros, desceu por uma corda até o fundo e aí encheu de ar os pulmões até não mais poder. Então, voltou a cabeça para cima e gritou sete vezes:

— O rei tem orelhas de burro! O rei tem orelhas de burro...

O alívio que sentiu foi da mesma dimensão do segredo que o

matava. Desafogado, subiu à superfície, cobriu o buraco com todo o cuidado, pôs fogo à corda que usara, e retornou sete léguas até a cidade. Estava revigorado.

A partir de então, voltou a ser o que era. Feliz, conversador, voltou às festas e aos amigos, que nunca mais lhe perguntaram sobre o ocorrido que o deixara tão abatido.

A vida transcorria como sempre. Os padeiros assando seus pães, as crianças brincando, as mulheres cuidando de seus afazeres, os homens trabalhando e o rei no palácio, zelando por todos — principalmente pelos gorros.

E o tempo passava, a estação das flores passava, vinha o vento frio, chegava o outono.

Chegado o verão, as festas se iniciaram. Todos saíam alegres às ruas para apreciar os cortejos de Dionísio, suas sacerdotisas e seus sátiros. Enquanto o povo vibrava, o rei, entocado em seu palácio, desculpava-se por não comparecer às festas, por já se ter fartado delas.

O povo estranhou a atitude do rei, que sempre aparecia nos festejos, prestigiando-os com sua presença. Por que desta vez não queria comparecer? O que o estaria impedindo?

Começou, então, a bisbilhotice. Cada um imaginava um motivo para o comportamento do rei, passando pelo palácio e procurando alguma pista. A cidade cochichava, dava asas à imaginação.

Um dia ouviu-se:

— O rei tem orelhas de burro!

Quando a notícia chegou aos ouvidos dos ministros, pensaram num modo de transmiti-la a Midas. Mas como contar tal absurdo a Sua Majestade? Toda cautela seria pouca. Tomaram coragem e dirigiram-se ao rei:

— Vossa Majestade sabe mais do que qualquer um de nós como há maledicência no reino. Há por aí comentários...

— Comentam sobre o quê? Por que tanto segredo e vergonha em contar-me o que se passa?

Os ministros, mais constrangidos ainda, responderam-lhe:

— Há boatos infames pela cidade de que Vossa Majestade tem

orelhas de burro...

O rei, tomado de súbita fúria, conclamou aos altos brados a presença do barbeiro.

Os soldados imediatamente seguiram à caça do barbeiro e o levaram preso ao palácio. O rei condenou-o à forca, mas como o barbeiro protestasse sua inocência e, às lágrimas, dizia-se vítima de boatos, o rei ordenou-lhe que, antes de morrer, confessasse como o segredo fora descoberto.

O pobre moço, tremendo de medo, ajoelhou-se e relatou o ocorrido.

— Mas como o segredo enterrado debaixo de setenta metros de terra saiu de lá? — bradou o rei.

Os ministros então o puseram a par. Contaram a Midas que todos os habitantes já tinham visto, menos o rei. Puseram-se, então, em marcha, com o barbeiro à frente e o rei atrás com seus palacianos. Foi um verdadeiro cortejo, com toda a população participando, desde o mais humilde até o mais poderoso.

Chegando ao local onde o barbeiro cavara o buraco, nada se ouviu. Até o vento que cantava nas árvores aquietou-se.

O rei exigiu explicações, até que um dos integrantes resolveu contar. Relatou que, certo dia, um caçador se perdera por aquelas bandas e ouviu um som proveniente do bambuzal. À medida que o vento aumentava, o som se tornava mais audível, até que sobreveio uma tormenta, raios e trovões, e o vento rugia: "O rei tem orelhas de burro! O rei tem orelhas de burro!". Para abrigar-se da tempestade, o caçador escondeu-se numa toca até que o tempo melhorasse. No dia seguinte, quando foi acordado pelos primeiros raios do sol, o homem ouviu uma canção suave vinda do bambuzal. Dirigiu-se ao local e ouviu que o som emitido pelas varinhas curvadas era a frase: "O rei tem orelhas de burro... o rei tem orelhas de burro...".

Midas aproximou-se do bambuzal, onde um vento brando balançava, de um lado para o outro, as folhas que cantavam num sussurro: "o... rei... tem... orelhas... de... burro...".

Pela reação do rei, ninguém esperava. Midas desabou numa imensa gargalhada, para espanto geral. Pouco a pouco, ninguém mais conseguia conter o riso. Todos gargalhavam até perder o fôlego. Riam tão alto que abafavam o som dos pássaros, dos animais, do riacho.

E a canção continuava: "o... rei... tem... orelhas... de... burro...".

A partir de então, a vida do barbeiro foi salva e o rei arrancou o gorro. Para que esconder o que o povo todo do reino já sabia?

Retornaram à cidade e fizeram uma fogueira imensa de gorros de todos os tipos, que durou uma semana, até todos virarem cinzas.

Midas alegrou-se por não ter mais de dormir com gorro para esconder as orelhas. Disse à mulher que ela é que se acostumasse com elas. Como a rainha não demonstrasse surpresa, Midas foi depressa ver-se ao espelho e percebeu que as orelhas de burro haviam desaparecido. Voltaram ao que eram antes.

Chica da Silva, a rainha do Tijuco

A garimpagem foi a mais maravilhosa das aventuras do Brasil menino e deu ensejo a muitas histórias; no entanto, nenhuma tão bela quanto a de Chica da Silva, negra, mucama, envolvente, sedutora.

Na época da escravidão no Brasil, nasceu no arraial do Tijuco — hoje Diamantina, Minas Gerais — a mulata Francisca da Silva, filha do português Antônio Caetano de Sá e da negra africana Maria da Costa.

Não se sabe a data do seu nascimento. Sua trajetória ímpar para a época se inicia quando era escrava do Sargento-Mor Manoel Pires Sardinha, português, que, fascinado pelos encantos mestiços e provocantes da moça, se tornou seu amante. Dessa relação nasceram dois filhos, que mais tarde viajaram à Europa para completar seus estudos: Plácido Pires Sardinha formou-se engenheiro, pela Universidade de Coimbra, e Simão Pires Sardinha que, também, seguiu seus estudos na Europa. Simão ocupou na corte funções influentes, dadas as suas habilidades. Francisca orgulhava-se, talvez, até ostensivamente, da sua condição de mãe de dois rapazes dotados de capacidade e de inteligência. Para ela, era a realização de um sonho. Afinal, esta não era uma situação comum entre os negros escravos; pelo contrário, era a grande massa de brancos que ascendia mais freqüentemente aos níveis superiores da sociedade de então.

Certo dia, o sargento-mor, seu amante, recebeu ordens de Portugal para comparecer à corte e por lá ficou. A fogosa Francisca não tinha planos de permanecer solitária. Passou, assim, a demonstrar sua pretensão de arranjar um outro homem para lhe fazer companhia, começando a caminhar provocantemente pelo arraial. Não demorou muito em alcançar seus intentos, sendo por essa época que a mulata sedutora Francisca conheceu seu segundo amante.

João Fernandes de Oliveira, nascido em Mariana, Minas Gerais, advogado formado em Coimbra e consagrado por Dom João VI, Cavaleiro da Ordem de Cristo, havia sido nomeado desembargador do Paço. Em 1753, mudou-se para o Arraial do Tijuco para ocupar a função de contratador de diamantes, antes exercida por seu pai. Era dono de imensa fortuna.

A essa altura, Chica era escrava de José da Silva Oliveira, pai do Padre Rolim. Ao vê-la, João Fernandes apaixonou-se perdidamente diante dos encantos da mulher, e tornaram-se amantes. Amor à primeira vista? É fácil crer que sim, pois Chica era a dona de um olhar poderoso, que carregava as forças da sensualidade e do encantamento, e esse charme certamente teve um efeito inevitável e arrebatador. João Fernandes a libertou; Chica, então, galgou um novo degrau na escala social do arraial, agora que possuía o *status* de ex-escrava. Parece que a sorte lhe sorria, o que a tornava cada vez mais próxima do sonho de tornar-se uma mulher valorizada, superando os obstáculos impostos por sua origem.

As riquezas do amante aumentavam à medida que as minas de pedras preciosas prosperavam. Passaram a morar juntos em um palácio que João Fernandes mandou construir. Situado no Tijuco, era conhecido por tal nome.

Conforme seu desejo, Chica da Silva passou a ser tratada como ser humano que era, recebendo o respeito de toda a rica população, vindo a ser conhecida, como num sonho, como rainha. Na verdade, vestia-se suntuosamente; suas roupas eram feitas sob medida, e confeccionadas com os mais nobres tecidos, como rendas e sedas. Sentia-se cada vez mais poderosa, começando a demonstrar sinais de arrogância, e sua postura autoritária e caprichosa fazia tremerem os servos e os homens livres. Comparecia às missas transportada em liteira, à semelhança das damas da corte. João Fernandes, cada vez mais perdido de paixão pela moça, havia mandado construir a igreja de Nossa Senhora do Carmo com duas torres, para que Chica pudesse freqüentar as missas, pois, à época, era ilegal a presença de negros na igreja "além das torres". Assim, ela tinha sua própria capela e não precisava mais passar pela situação vexatória de ser tratada como um ser inferior pelos ricaços do arraial.

A paixão febril de João Fernandes por Chica tornava-se incontrolável, e ele de tudo fazia, e à risca, para agradar a amante. Construiu para ela a Chácara Chica da Silva, onde ela era a anfitriã de suntuosas festas, reuniões e banquetes. As plantas que ornamentavam os jardins exuberantes foram trazidas da Europa, e havia um rio que o amante represara para que ela pudesse navegar a seu bel-prazer, tranqüila, sentindo o deslizar das águas que balançavam suavemente o barco, enquanto apreciava a paisagem ao redor. O passo seguinte de João Fernandes foi construir também em uma das alas da chácara um luxuoso teatro, com os mais requintados materiais, e contratava freqüentemente, a peso de ouro, companhias teatrais do Rio de Janeiro, para que Chica se divertisse.

A força que aquela mulher exercia sobre João Fernandes era tamanha, que o amante passou a ser dominado por Chica a ponto de deixá-la interferir nas negociações de pedras, o que era mais um de seus desejos. Ela era a primeira a ser consultada pelos compradores antes de se fechar qualquer negócio. Essa atitude rendeu-lhe o apelido de "Chica que Manda". A essa altura, já era notório para todos os habitantes do pequeno arraial o poder que Chica exercia sobre João. Os nobres aguardavam-na na antecâmara do palácio e lhe faziam cortesias. Dona Chica, enfatuada, recebia-os com pose e vestes de rainha, uma verdadeira deusa esculpida em ébano. Quando os mandava entrar na sala de negociações, tinha o corpo coberto pelos mais caros tecidos e adereços, inúmeros anéis de pedras preciosas brilhavam em suas mãos, brincos valiosos prendiam-se às suas orelhas, grossos colares de ouro puro envolviam seu pescoço, além das pulseiras, especialmente confeccionadas por artífices de renome, que adornavam seu pulso. Chica, como uma rainha, permanecia sentada em sua poltrona, aguardando que os negociantes viessem até ela, oferecendo-lhes a mão para que a beijassem. E eles a tratavam como ela gostava, com reverências, respeito e sorrisos para conquistá-la. Sabiam que, caindo nas graças de Chica, João Fernandes fecharia de boa vontade o negócio proposto.

Enquanto lhe dispensavam mesuras, a soberana Chica da Silva se abanava com desdém, como que para contrabalançar as situações vexatórias e humilhantes por que passara enquanto escrava. Chamava por apelidos, por ela inventados, os membros da nobreza, que eram obrigados a abrir mão das suas atitudes de prepotência e de arrogância para com os negros, tidos por eles como inferiores, pois que precisavam do dinheiro do seu amante. Chica era, sem dúvida, uma vencedora e regozijava-se com tal inversão de papéis.

"Chica que Manda" tornava-se cada vez mais respeitada e obedecida por todos. Como toda nobre dama, nunca andava sozinha, mas sempre cercada por um cortejo de escravas que a reverenciavam e a adulavam.

Chica e João Fernandes tiveram vários filhos, todos eles reconhecidos e registrados pelo pai, o que simbolizava mais uma vitória para a mulata. Naquela época, essa atitude era rara. Em geral, os filhos de patrões e escravas não recebiam o sobrenome paterno. Essas crianças foram educadas à semelhança dos filhos que tivera com o amante anterior, ou seja, dentro dos melhores padrões da época.

Por volta de 1770, João Fernandes teve seu direito de exploração de diamantes cassado pelo Marquês de Pombal e foi chamado a Portugal para justificar seus lucros à corte. Por lá ficou; nunca mais recebeu autorização para voltar ao Brasil. Sabe Deus o quanto esse pobre homem sofreu longe da sua venerada mulher. Mandou buscar seus quatro filhos para educá-los na Europa, deixando as filhas com Chica.

O que aconteceu à "rainha" do Tijuco? Rica em seu palácio, cercada da atenção de mucamas, Chica da Silva terminou seus dias confortavelmente e sem preocupações, dada a fortuna que lhe deixara o amante.

Essa história incomum, ocorrida no auge da exploração de diamantes no Tijuco, de uma negra escrava tornada rainha e tratada como tal, numa época em que nem se cogitava a libertação dos escravos, traz um brilho especial, não somente àquela época, como também engrandece a história do desenvolvimento social e político de nosso país. Quem sabe não estimulou uma atitude mais humanitária dos brancos quanto aos negros? Plantou uma semente que germinaria e frutificaria na abolição dos escravos, que ocorreu no fim do século seguinte.

Chica da Silva morreu depois de 26 anos da partida de João Fernandes, que sobreviveu a ela por ainda três anos.

Um rei chamado Chico

Conta-se que entre o fim do século XVII e o começo do século XVIII, época da escravidão no Brasil, os portugueses seqüestraram, na África, uma tribo de guerreiros e seu príncipe, dotados de grande bravura e cultura, para servirem como escravos nas jazidas de ouro de Minas Gerais.

Acorrentados e amontoados no porão do navio, sem ver a luz do dia, cruzaram o mar, como um bando de animais maltratados e humilhados, passando por várias privações. Num porão que tinha capacidade para cinqüenta, espremeriam-se mais de quinhentos escravos a serem vendidos. Muitos não sobreviveriam nestas condições aviltantes, e entre eles estavam a mulher e o filho do rei, mais tarde conhecido por Chico Rei.

Este nome não veio por acaso. Desde a viagem, os portugueses notaram que aquela era uma tribo muito diferenciada, que obedecia às ordens de seu príncipe. Chegando ao Brasil, a tribo se dispersou em virtude de terem sido vendidos a feitores diferentes. Chico Rei foi enviado para Vila Rica junto com o filho que sobrevivera à viagem.

As minas os aguardavam, juntamente com a condição animalesca com que seriam tratados. Sofriam humilhações, castigos, torturas, enfim, todo tipo de indignidades que seres humanos podem sofrer.

Aprenderam tudo por meio de chicotadas: a nova língua, o novo trabalho e quem eram seus algozes. Os senhores o chamavam por Francisco, nome cristão; no Brasil Colônia, era proibido aos negros a prática de sua religião nativa.

Francisco e os outros negros garimpavam arduamente nas minas de ouro de Vila Rica. Alguns contam que Chico valia-se da sua esperteza e roubava ouro dos seus senhores, ao passo que outros relatam que era trabalhador de muita garra, e que nas horas livres trabalhava para si mesmo. Opiniões à parte, a verdade é que Chico conseguiu juntar ouro suficiente para comprar a liberdade do filho e, mais tarde, alforriar-se também. Os dois, juntos, trabalhavam por propósito comum: alforriar um por um os demais escravos, sem levar em conta a que nação pertenciam, o que, a custo, conseguiriam realizar.

Juntos conseguiram acumular uma pequena fortuna e comprar a Encardideira, mina do antigo arraial Antônio Dias, vizinho de Vila Rica. Como essa mina estava desativada, já tendo sido explorada sem sucesso por vários outros garimpeiros, os negros questionaram junto a Chico Rei tal aquisição. Refutavam a compra da Encardideira sob o argumento de que estavam jogando fora todo o ouro que já haviam conseguido em um buraco improfícuo. Era insensatez. Alforriados e sem posses, como haveriam de viver?

— Eles vão jogar fora o que conseguiram com muito sacrifício, não terão como viver depois! — indignavam-se os escravos.

Mas Chico Rei e os alforriados seguiram em frente. Compraram a mina e iniciaram de imediato o garimpo. Agora que eram livres, ocupavam-se, unicamente, de cavar a mina, dia e noite, sem desistir ou desanimar. Passou-se o tempo e começaram a surgir pepitas e mais pepitas de ouro no fundo da Encardideira. E eles, em febre, cada um com sua bateia, colhiam o tesouro inesgotável que haviam encontrado. Enfim, o ouro.

Stella Leonardos, apoiada nas pesquisas de Aires da Mata Machado Filho, nos conta os títulos de Chico Rei:

Manicongo, por graça de Deus,
Rei do Congo, de Angola, Macamba,
de Ocanga, Camba, de Lula e Zuza,
Duque de Buta, de Suda e Bamba,
Senhor de Amboíla e suas províncias,
Conde de Sonho, Angola e Cacongo,
reinando em reino dos Ambondaras
e a maravilha do rio Zaire.

Francisco, agora próspero, empreendeu a construção da igreja do Rosário e de Santa Efigênia. É interessante perceber que aquilo que o estimulava era uma causa religiosa e não política. Tinha grande amor por Santa Efigênia, personagem de uma África cristã, e por Nossa Senhora do Rosário, protetora dos negros. Há quem diga que na construção desses templos, que representavam o poder, estaria uma das sementes da libertação dos escravos. Enquanto o ouro brotava das águas do rio, os negros enriqueciam-se de posses, comprando casas dignas, móveis luxuosos, roupas caras e carruagens. Encomendavam sedas e outros tecidos de igual pompa.

Chico Rei contratou artistas renomados para talhar as igrejas, seus altares e a capela-mor. Foram utilizados, nessa construção, os mais nobres materiais, como mármores de Carrara, madeira de lei, ouro. Santeiros da capital esculpiram estátuas de santo, e o nicho em homenagem à santa foi esculpido por Aleijadinho, alcunha de Manuel Francisco Lisboa.

As negras traziam ouro em pó escondido debaixo das unhas, na pele e no cabelo para oferecê-lo à Santa, contribuindo, assim, para a construção do templo. Conta-se que se ajoelhavam na igreja, abaixavam a cabeça em cumprimento a Chico Rei, que, sentado num trono, lavava aquelas cabeças, retirando o ouro dos cabelos. Aquele ouro seria usado para dourar os altares e objetos sagrados.

Essa igreja é também chamada Igreja de Nossa Senhora do Rosário dos Homens Pretos e situa-se no Alto da Cruz do Padre Faria. Também a outra igreja, de Santa Efigênia, construída em Vila Rica, atual Ouro Preto, perdurou até nossos dias, podendo ser visitada em todo seu esplendor. Da Encardideira podem ser vistas suas ruínas.

Igreja e lavra são testemunhas silenciosas de uma época e de uma história.

Capítulo 2

Sonhos e profecias

Os sonhos do profeta

Acab, rei de Samaria por 22 anos, havia desrespeitado demais as leis de Deus: serviu a Jeroboão, casou-se com Jezebel, filha do rei Etbaal da Sidônia, e começou a adorar o deus pagão Baal (Belzebu). Construiu um templo para Baal onde cometia idolatrias. Queimou o próprio filho em sua consagração, imolou inocentes e adorou astros e estátuas pagãs.

Erguia outro templo aos deuses pagãos quando morreu seu primogênito, Abirão; no final da construção morreu seu filho mais novo, Segun — o que predissera Josué.

Elias, que morava em Tesbi, Galaad, veio ao encontro de Acab e, louvando o Senhor Deus de Israel, avisou-o:

— Pela vida do Senhor a quem sirvo, digo-lhe que nestes anos não haverá nem chuva ou orvalho, a não ser quando eu mandar, porque tens cometido atos contra o Senhor.

Então o Senhor disse a Elias que poderia ser morto por Acab:

— Saia daqui, dirija-se ao Oriente e esconda-se junto ao córrego de Carith, que fica ao leste do Jordão. Eu ordenei aos corvos que levem comida para você.

Elias fez como o Senhor mandou e foi morar junto ao córrego de Carith. Os corvos levavam-lhe pão de manhã e carne à noite, e ele bebia água do córrego.

Como o córrego secasse, porque não chovia, Deus ordenou a Elias que fosse para a região de Sidônia e ficasse morando por lá. Logo que chegou ao local, encontrou uma viúva que recolhia lenha e pediu-lhe água. A mulher estava indo buscar a água, quando Elias pediu-lhe, também, um pedaço de pão. Ela respondeu-lhe:

— Pela vida do Senhor, não tenho pão assado, mas somente um pouco de farinha e azeite. Estou juntando gravetos para preparar esse resto de alimento para mim e meu filho. É só o que nos resta — lamuriou.

— Não tenha medo! Vá e faça o que tem a fazer, mas antes asse para mim um pãozinho com o que você tem. Só depois prepare o pão para você e seu filho. Pois o Senhor diz que não faltará farinha na sua vasilha ou azeite na sua jarra até o dia em que chover sobre esta terra.

A mulher fez o que Elias mandou e nunca mais lhe faltou o que comer.

O reino de Samaria foi atingido por tamanha seca que vegetação e córregos secaram. A fome assolava os habitantes, enquanto na casa da viúva, onde vivia Elias, não faltava alimento.

No entanto, o filho da viúva adoeceu gravemente e morreu. Ela, desesperada, repudiou Elias, dizendo que ele viera à sua casa lembrar suas culpas e tirar a vida do filho.

Elias tomou o menino nos braços, colocou-o na cama e rogou ao Senhor para que a criança voltasse à vida. Estendeu-se três vezes sobre o corpo inerte, suplicando a Deus, e o menino ressuscitou.

O povo percorria os quatro cantos de Samaria em busca de água para suprir sua sede e a dos animais. Mas era em vão; o cavalo do rei já quase morria. Acab saiu ao encontro de Elias e, assim que o avistou, acusou-o:

— Você é a ruína de Israel!

Elias respondeu:

— Não sou eu, mas sim você e sua família que abandonaram Deus e adoram os ídolos. Mas vou fazer uma coisa. Ordene que todo povo de Israel se encontre comigo no monte Carmelo. E, também, os profetas de Baal que se alimentam na mesa de Jezebel.

Acab fez o que o profeta mandou. No monte Carmelo, Elias disse ao povo:

— Até quando vocês vão mancar com as duas pernas? Se o Senhor é o Deus verdadeiro, sigam-no; se for Baal, que o sigam. Não se pode servir a dois senhores.

Elias era o único profeta do Senhor sobrevivente, e os profetas de Baal eram 450. Era a hora da verdade, e Elias propôs:

— Tragam dois novilhos e os coloquem em duas piras, uma do lado da outra, para louvarmos cada qual seu Deus: Baal e o Senhor. Depois rezaremos, e quem for atendido será o que serve ao Deus verdadeiro.

E assim se postaram. De um lado, os profetas de Baal e, do outro, Elias. Cada um invocou seu Senhor. Um relâmpago cruzou o céu e acendeu a pira que Elias havia erigido.

O povo assistiu a isso e prostrou-se no chão, louvando ao Senhor Deus de Israel. Elias conclamou o povo que matasse todos os profetas de Baal e assim foi feito.

Elias disse a Acab que fosse comer e beber porque a chuva já se aproximava. Elias subiu ao monte Carmelo e disse ao seu discípulo Eliseu:

— Suba e olhe para o mar.

Eliseu o fez e nada viu. Elias mandou-o ir sete vezes ao mar e, na sétima vez, Eliseu avistou pesadas nuvens cinzentas, que caíram em forma de chuva sobre Israel.

Passado um tempo, Acab voltou às práticas anteriores de adoração aos deuses pagãos de Jezebel, contando à mulher sobre a morte dos profetas. Ela, então, enviou um mensageiro a Elias ameaçando-o de morte. Elias, temendo por sua vida, escondeu-se em Barsabé, Judá, percorrendo léguas e léguas no deserto até chegar. Exausto, sentou-se embaixo de uma árvore e desejou a morte:

— Chega, Senhor, tira minha vida porque não sou melhor que meus pais — implorou.

Deitou-se e dormiu. E sonhou. Um anjo do Senhor o tocou e mandou que ele se levantasse e comesse, pois ao seu lado havia pão assado e uma jarra de água. Disse-lhe o anjo que Elias ainda teria um longo caminho a percorrer.

Elias comeu, bebeu e andou quarenta dias e quarenta noites até Horeb, a montanha de Deus. Passou a noite numa gruta e, enquanto dormia, ouviu a voz do Senhor:

— Elias, o que fazes por aqui?

Elias respondeu, desanimado:

— Zelar por ti me consome; fui abandonado pelos israelitas, que se voltaram contra ti e mataram teus profetas. Querem também me matar, porque sou o único ainda vivo.

— Levanta-te e vai para o alto da montanha porque Deus vai passar. Mantém-te, em pé, diante de mim.

Veio um furacão, rachou pedras, e Deus não estava no furacão; veio um terremoto, e Deus não estava lá; veio o fogo, e Deus não estava no fogo. Veio, então, uma brisa suave, e Elias O sentiu no rosto. E voltou a pregar.

Acazias, filho de Acab, subiu ao trono depois da morte do pai. Reinou dois anos sobre Israel imitando o comportamento de Acab, que o Senhor reprovava. Um dia, caiu da sacada do seu quarto e ficou muito ferido. Mandou que seus mensageiros consultassem Belzebu, deus de Acaron, para que suas feridas fossem curadas.

A caminho, os mensageiros encontraram Elias, enviado por Deus, dizendo-lhes que se não pedissem a ajuda do Senhor, ao invés de Belzebu, Acazias, com certeza, morreria.

Os mensageiros voltaram depressa à presença de Acazias para contar-lhe o acontecido, e ele lhes pediu que descrevessem o homem. Disseram-lhe que vestia uma roupa de pêlos e usava um cinto de couro.

— É Elias! — disse o rei. E, tomado de fúria, mandou um oficial com cinqüenta soldados prenderem o profeta.

O exército seguiu ao encontro de Elias, ordenando que descesse da montanha e o seguisse até a presença do rei:

— Se sou um homem de Deus, que caia um raio sobre você e seus soldados e os queime!

Os soldados foram queimados pelo raio. Acazias, assim que soube, enviou mais cinqüenta homens e um comandante. Mas este, subindo à montanha, pediu a Elias que lhe poupasse a vida e fosse com ele ao encontro de Acazias.

Um anjo, vindo do céu, disse a Elias que fosse e nada temesse. Elias obedeceu e Acazias morreu, como havia dito o Senhor.

Elias e Eliseu, seu discípulo, pararam para descansar às margens do rio Jordão. Elias rezou e as águas do rio foram se abrindo. Formou-se um caminho, por onde eles atravessaram sem molhar os pés. Enquanto caminhavam, apareceu um carro com cavalos de fogo que arrebatou Elias para o céu.

O profeta desceria mais uma vez à terra, durante a transfiguração de Jesus, quando subiu ao monte Tabor. O rosto e as vestes de Jesus resplandeceram. Jesus tinha, ao seu lado, Moisés e Elias.

Daniel

Nabucodonosor, rei da Babilônia, sitiou Jerusalém no terceiro ano do reinado do rei Joaquim, em 605 a.C. Vencido o rei, a cidade foi tomada, seus tesouros em ouro e prata foram saqueados e levados aos cofres dos templos babilônios.

Nabucodonosor chamou o eunuco-mor e ordenou-lhe que escolhesse, entre os hebreus vencidos de boa linhagem, príncipes, nobres e jovens para enfeitarem seu palácio. Deveriam ter boa educação e boa aparência, serem gentis, sábios, tendo bom conhecimento das ciências, além de serem disciplinados. Ordenou ainda que providenciassem mestres para eles, que lhes ensinassem a língua e as letras dos caldeus. Disse ainda o rei que tais jovens deveriam morar no palácio real e alimentar-se como ele próprio.

Foi dessa forma que, entre outros, quatro filhos de Judá passaram a morar no palácio de Nabucodonosor: Daniel, Ananias, Misael e Azarias.

Quis o Senhor que Daniel ficasse amigo do eunuco-mor. Assim, enquanto os demais jovens comiam iguarias servidas ao rei e bebiam vinhos da adega real, Daniel pediu ao eunuco que, para os quatro, fossem servidos legumes cozidos e água da fonte, pois o que o rei comia era alimento proibido por Deus.

O eunuco contestou, argumentando que tal alimentação os enfraqueceria e Nabucodonosor o acusaria de tê-los maltratado, acrescentando:

— E os deuses me livrem de saber Sua Majestade que os jovens, sob meus cuidados, estão comendo vegetais e bebendo água. Ele me mandaria executar.

Daniel, então, fez uma proposta a ele:

— Nós faremos a minha dieta durante vinte dias e veremos o resultado.

Vinte dias, alimentando-se com o que Daniel sugerira, fizeram com que os quatro jovens ganhassem saúde. Tinham a pele lisa, os olhos brilhantes, estavam corados e fortes. Mantiveram segredo sobre as refeições. O eunuco-mor não conteve a alegria e a satisfação ao constatar os resultados. Passou a comer as esquisitas iguarias da mesa real e a beber do vinho dos monarcas, trazido de terras longínquas em caravanas de centenas de camelos.

Passado o tempo previsto, Nabucodonosor ordenou que trouxessem os quatro jovens à sua presença e encontrou-os sábios e sensatos, saudáveis, sadios e formosos. Eram muito mais que os adivinhos e magos que viviam na corte.

Por essa época, o rei Nabucodonosor teve um sonho que o deixou atemorizado, sentindo um grande susto no coração. Como se isso não bastasse, quando quis contar o sonho aos magos, esquecera-o por completo.

— Que estranho! — dizia ele para os cortesãos e para si mesmo. — Esse sonho me abalou tanto que não consegui dormir o resto da noite, e agora não me lembro nem de uma cena, nem de uma palavra. Como foi possível que eu me esquecesse de um sonho que me impressionou tanto?

Imediatamente, Nabucodonosor mandou convocar todos os encantadores e magos caldeus, para que, por meio de sortilégios, fizessem-no recordar ou, então, simplesmente adivinhassem qual fora o sonho.

Era uma tarefa difícil. Alguns pensaram em inventar uma visão qualquer e dizer que o rei tinha sonhado. Porém, corriam o risco de o rei estar fingindo que tinha esquecido. Se o sonho e a interpretação do sonho não correspondessem, a execução era certa. Nenhum deles queria morrer, de forma que disseram ao rei que não havia homem na face da terra capaz de penetrar na sua mente, que jamais foi dado aos humanos conseguirem pensar o pensamento alheio. Apenas os deuses poderiam fazê-lo. Os magos, então, pediram ao rei que contasse aos servos o sonho que tivera e, assim, o interpretariam.

— Isto é impossível, porque tenho o espírito altamente perturbado, desde que sonhei, e não consigo me lembrar de nada.

— Assim sendo, ó rei, não está ao nosso alcance satisfazer-te. Somos homens, não deuses; cabe a eles esta tarefa.

Nabucodonosor mandou prender todos os adivinhos e os encantadores que chegavam à corte e fracassavam.

O rei se enraivecia cada vez mais, pois não havia quem adivinhasse o seu sonho, que se distanciava mais e mais da sua memória.

Questionados, os sábios caldeus apresentavam respostas como estas:

— Não existe homem sobre a terra que possa executar a tua ordem, ó rei.

Outro mago completou:

— Nem o mais poderoso rei ousaria esperar que pudesse ser atendido por um mago, um adivinho ou qualquer sábio caldeu. Apenas nos é possibilitado interpretar os sonhos.

Nabucodonosor, no auge da ira, ao ouvir tais respostas, condenou à morte todos os sábios da Babilônia.

Daniel, ao saber de tão insensata decisão, foi procurar o rei, pedindo-lhe que a prorrogasse por um tempo, pois ele, Daniel, rezaria ao seu Deus de Israel e retornaria à sua presença, para tentar uma solução para as aflições que o acometiam. Pediu, também, a Azarias, Misael e Ananias que pedissem, ao Senhor, pelo rei.

Daniel foi para casa, rezou e adormeceu. Sonhou, então, o sonho de Nabucodonosor.

Quando acordou, exclamou:

— Seja bendito o nome do Senhor por todos os séculos dos séculos, porque dele são a sabedoria e a fortaleza!

Procurou Arioc, o general dos exércitos, encarregado das execuções dos magos, e suplicou:

— Espera por um tempo, não mates os sábios da Babilônia por enquanto. Vem comigo à presença do rei, e eu te darei a solução que desejas.

E o rei, ao encontrar Daniel, perguntou-lhe incrédulo:

— Acreditas verdadeiramente que podes revelar meu sonho, isso que é um mistério até para mim? E que és capaz de interpretá-lo?

Respondeu Daniel:

— Nenhum mortal pode descobrir o que está oculto nos arcanos. Só Deus que está nos céus revela os segredos. Ele mostrou-te o que acontecerá.

O profeta pôs-se então a contar:

Vossa Majestade teve uma visão: era uma grande estátua, alta e muito brilhante. Ela estava bem à frente de Vossa Majestade e tinha aparência impressionante.

A cabeça da estátua era de ouro maciço, o peito e os braços eram de prata, a barriga e as coxas eram de bronze, as canelas, de ferro, e os pés eram parte de ferro, parte de barro. Vossa Majestade estava contemplando a estátua, quando, sem ninguém jogar, caiu uma pedra que veio bater exatamente nos pés de ferro e barro da estátua, quebrando-os. Ao mesmo tempo quebrou-se tudo o que era de ferro, de barro, de bronze, de prata e de ouro. Ficou tudo como se fosse palha no terreiro em final de colheita, palha que o vento carrega sem deixar sinal. Depois, a pedra, que tinha atingido a estátua, transformou-se numa enorme montanha que cobriu o mundo inteiro. O sonho foi esse. Agora vamos à sua interpretação.

Vossa Majestade é o rei dos reis, a quem o Deus do céu concedeu o reino e o poder, o domínio e a glória. Em todo o mundo habitado, ele lhe entregou os seres humanos, as feras e as aves do céu, para que domine sobre tudo isso. Assim, Vossa Majestade é a cabeça de ouro. Depois de seu reino, vai aparecer outro, menor que o seu; depois, um terceiro reino, o de bronze, que dominará sobre toda a terra. O quarto reino será duro como ferro, pois, assim como o ferro esmaga e esmigalha tudo, também ele quebrará e esmigalhará todos os outros. Os pés e os dedos que Vossa Majestade viu, parte de ferro e parte de barro, significam um reino dividido. Ele tem a dureza do ferro, pois Vossa Majestade viu ferro misturado com uma parte feita de barro. Os dedos dos pés, metade de ferro e metade de barro, significam um reino firme por um lado, mas fraco por outro. O ferro que Vossa Majestade viu, misturado com barro, significa que as pessoas se juntarão por casamentos, mas não se ligarão umas às outras, assim como o ferro não faz liga com o barro. Durante este último reinado, o Deus do céu fará aparecer um reino que nunca será destruído. Será um reino que não passará para as mãos de outro povo, mas, ao contrário, humilhará e liquidará todos os outros reinos, enquanto ele mesmo continuará firme para sempre. Esse reino é a pedra que rolou do monte, sem ninguém tocá-la, e esmigalhou o que era de barro, ferro, bronze, prata e ouro. O grande Deus mostrou ao rei o que acontecerá daqui para frente. O sonho tem sentido e a sua interpretação é digna de fé.

Todos esses vaticínios confirmaram-se. Os grandes reinos que se sucederam na terra, antes da vinda de Cristo, foram: o babilônio (ouro); o medo-persa (prata); o grego, com Alexandre e seus sucessores (bronze); e o reino dos diádocos (ferro e barro).

Os sonhos de José

Este sonho profético ocorreu num tempo e numa terra longínquos, o misterioso e exótico Oriente, ainda no início do despertar da humanidade, na época em que reinavam faraós poderosos sobre o povo dividido em tribos, que eram várias e muito diferentes entre si. Por isso, eram freqüentes as guerras, porém, nunca eram esquecidos os sonhos.

Jacó saíra da região da Mesopotâmia, onde tinha deixado o tio,

Labão, e levara na sua viagem tudo que era seu: as duas esposas, Lia e Raquel, os doze filhos, as duas escravas. Ficara rico em Harã, após décadas de trabalho duro. Conseguiu ser dono de rebanhos enormes. Ganhara também muito ouro e prata e objetos de uso. Ainda a caminho, enviou a Esaú, seu irmão, um gordo presente para aplacar a sede de matar Jacó: duzentas cabras, vinte bodes, duzentas ovelhas, vinte carneiros, trinta camelas de leite com suas crias, quarenta vacas e dez touros, vinte jumentas e dez jumentinhos. Seguiu atrás do rebanho.

Ao chegar ao vale do rio Jaboque, Jacó fez as mulheres e os filhos atravessarem a torrente com tudo quanto era seu e ficou sozinho na outra margem do rio. Noite alta, apareceu-lhe um anjo e com ele lutou Jacó até o despertar da aurora. Ao final do embate, tocou-lhe a junta da coxa, deslocando-a. Em seguida disse o anjo:

— Solta-me, pois já vem nascendo o dia.

— Não te deixarei ir, se não me abençoares.

— Qual é o teu nome? — perguntou o anjo.

— Jacó.

E disse o anjo:

— Não te chamarás mais Jacó, porém Israel, porque tens lutado com Deus e com os homens e venceste — e abençoou-o.

Daí em diante, Jacó, o portador da bênção, o escolhido, mudou de nome e de andar. Mancando de uma perna e respondendo pelo novo nome, Israel, prosseguiu sua jornada.

E passou por muitas aventuras nas terras de Canaã, onde seu pai, Isaac, havia morado.

Instalou-se com os filhos, que eram em número de doze: seis de Lia, a preterida, quatro das escravas Zelfa e Bala, e dois da favorita Raquel, por quem servira durante sete anos. Assim nos contou Camões:

Sete anos de pastor Jacó servia
Labão, pai de Raquel, serrana bela.
Mas não servia ao pai, servia a ela,
Que a ela só, por prêmio, pretendia.

O undécimo filho era José, o primeiro que tivera com Raquel, que já havia morrido e estava enterrada no caminho de Éfrata (atual Belém), onde, até hoje, veneram-na seguidores das grandes religiões. José contava 17 anos e era um belo rapaz, simpático, sorridente, vaidoso. Era o preferido do pai e com ele ficava, abrigado na tenda, por ser o filho que tivera na velhice. Quando se dirigia até os campos, onde os irmãos mais velhos tocavam os rebanhos, prestava atenção em tudo e contava os acontecimentos ao pai, com modos gentis, engraçado e maldoso. O pai dava-lhe crédito e chamava, para junto de si, o possível faltoso. Este, na maior parte das vezes, acabava castigado.

José perambulava nas pastagens, contava as ovelhas, espiava como e onde os irmãos passavam as noites. Um dia insinuou uma confusa história sobre Bala e os irmãos mais velhos. Estes, tomados de grande raiva, correram à tenda de Jacó. Eles voltaram praguejando que, qualquer dia, arrancariam a língua maliciosa de José.

Com isso, os filhos de Jacó na verdade não gostavam daquele delicado e ocioso protegido do pai, muito bem-vestido, com as mãos lisas e macias, de quem não precisava enfrentar os trabalhos árduos da vida camponesa.

José era uma ameaça para eles, com sua língua ferina, e não gostavam da sua presença pelos campos, especialmente quando iam ao encontro das moças serranas. Muito menos quando abatiam uma ovelha para servir de petisco nas festas noturnas regadas a vinho, nem quando dançavam ao som das gaitas. Quando ele se aproximava, geralmente, os irmãos se retiravam resmungando.

Enquanto José espionava a vida dos irmãos para se divertir depois, contando ao velho pai as escapadas dos dez, Benjamim, o filho mais novo, permanecia nas tendas porque o pai estava idoso e precisava de companhia.

As relações de José com seus irmãos pioravam dia a dia, até que certa vez, o intrometido José surgiu, nos campos, trajando uma luxuosa túnica colorida, especialmente feita para ele. Contou aos irmãos que aquela veste maravilhosa fora presente do pai.

Seu irmão Rubem havia perdido o direito à primogenitura por ter sido flagrado com uma das concubinas do pai. Vendo José tão bem-vestido, resmungou indignado que a situação já estava passando dos limites e que José merecia uma boa surra.

Nessa mesma noite, em volta das fogueiras, José, cheio de felicidade, contou que na noite anterior tivera um sonho. Ninguém se interessou pelo relato, mas José prosseguiu:

— Sonhei que todos nós estávamos recolhendo galhos finos das árvores e atando-os em feixes. Depois de amarrados, o meu ficou no meio, em volta de todos os outros, que se inclinaram diante dele.

Os irmãos lhe perguntaram se José estava querendo ser seu rei ou dominá-los. E todos, cada um levantando do seu lugar, de cara amarrada, foram saindo, deixando sozinho José e sua arrogância.

Estavam cada vez com mais raiva de José.

— Com que, então, reinará sobre nós, o sonho não te revelou? — perguntaram.

Alguns outros retrucaram:

— Ele é o mais importante.Vejam como ele brilha! Nosso pai é o culpado; foi ele que o convenceu de que é mais bonito e melhor do que nós.

Se já não gostavam dele, a partir de então passaram a odiá-lo.

José exibiu-se, por alguns dias, com a famosa túnica multicor e, depois, desapareceu. Sentindo sua falta, o pai chamou os irmãos à sua tenda em busca de notícias. E era o que sempre acontecia. Na lua seguinte, o alegre José voltou a aparecer; como se previa, foi ignorado pelos irmãos, mas não se incomodou.

Ele ia e vinha como a chuva. Era um mal cíclico e fatal.

E foi por esta razão que, quando José foi à presença dos irmãos com a notícia de que tinha sonhado mais uma vez, a reação foi de total hostilidade. Os irmãos viraram as costas, rejeitando-o:

— Vá embora, não apareça mais!

— Por que me tratais com tanto desdém? Eu venho como porta-voz do nosso pai. Ele vos ama e eu também.

Furiosos, os irmãos acercaram-se de José e, ameaçando-o com os punhos fechados, gritaram:

— Cala-te!

— Deixai-o falar! — disse um deles. — Que mal fazem as bobagens desse sonhador de sonhos?

José interpretou aquelas palavras como uma autorização para se exibir:

— Eu vi, em sonhos, que o Sol e a Lua e onze estrelas me adoravam.

Irritados, os irmãos se foram, a passos largos, e ele voltou para a casa do pai.

— Já está de volta? — estranhou o pai.

— Tudo por causa do meu sonho — disse o adolescente.

— O que você sonhou?

— Eu vi em sonho que o Sol e a Lua e onze estrelas me adoravam.

— O que significa esse sonho? Que todos nós te adoramos?

Aos irmãos, o sonho causara inveja, ressentimento e ódio. Mas o pai pôs-se a meditar, quieto.

Os irmãos de José foram apascentar o rebanho do pai em Siquém. Para lá, o pai enviou José, imprudentemente, para saber notícias deles e enviar-lhes sua bênção.

O final da história é conhecido: todos quiseram matar José, mas um dos irmãos sugeriu outra estratégia:

— Bem, ele é nosso irmão, não vamos matar um irmão. Vamos jogá-lo num poço e lá o deixaremos. Se alguém, por acaso, o vir e o salvar, ele terá sorte. Não seremos nós que o mataremos, não sujaremos nossas mãos com sangue.

Seu intuito secreto era retornar mais tarde ao poço, sozinho, alçar o irmão e levá-lo ao pai. Talvez, desta forma, o pai o perdoasse e esquecesse a velha história de Bala.

Assim combinado, os irmãos despiram José de sua túnica, especialmente talhada para ele com todas as cores do arco-íris, e o deixaram nu dentro do poço, todo molhado de lágrimas e urinando-se de medo. Retiraram-se e foram conversar mais adiante sobre o destino de José, indecisos se o matariam, entupindo o poço com pedras, ou se o deixariam morrer, aos poucos, de fome e de sede, pois não havia água naquele poço.

José era um irmão. Sendo assim, com a cabeça fria, resolveram deixá-lo por lá. Ninguém mais tinha coragem de prosseguir o crime, o fratricídio. O outro irmão não estava entre eles, tinha partido em busca de uma corda.

Nesse impasse, os rapazes retornaram aos abrigos, esperando que, com o tempo, viesse alguma solução para aquele conflito. Então, viram passar uma caravana de ismaelitas. Haviam saído de Galaad e rumavam para o Egito, longe, longe, com os seus camelos carregados de ervas aromáticas, incenso e mirra.

E disse um dos irmãos:

— Não há motivo para assassinarmos José e escondermos sua morte. Melhor seria vendê-lo a este povo e mantermos nossas mãos limpas. É sangue do nosso sangue.

Optaram, então, por vender José aos caravaneiros por vinte dinhei-ros de prata, rasgaram a túnica luxuosa, sujaram-na com o sangue de um bode degolado e enviaram-na ensangüentada ao pai, instruindo o mensageiro para que dissesse:

— Em nossa viagem achamos esta túnica. Será que é a túnica de teu filho? Uma fera deve tê-lo devorado, pois não havia mais nada além desta roupa.

Com o decorrer dos dias, os ismaelitas venderam José, no Egito, a Putifar, eunuco do faraó.

José, o sonhador, e as profecias ao faraó

Como todo ser humano, José continuou a sonhar, mesmo na prisão, pois não existem empecilhos para que se sonhe; nem mesmo as barras, que tentam aprisionar o corpo, são capazes de prender a alma dos sonhadores.

Estava José prisioneiro no Egito, servindo ao faraó, quando, certo dia, dois eunucos que serviam ao rei, um na qualidade de chefe dos copeiros e outro fazendo as vezes de chefe dos padeiros, pecaram contra o seu senhor. Quando soube do acontecido, o faraó, demonstrando sua fúria, ordenou que os prendessem no cárcere do general do exército, para onde também José havia sido mandado.

José também prestava serviços ao guarda do cárcere, que lhe entregou os prisioneiros. Já se passara algum tempo desde que o copeiro-mor e o padeiro-mor estavam trancafiados naquela prisão, quando ambos sonharam, na mesma noite, um mesmo sonho. Ao analisá-lo, julgaram que se referia a eles. Pela manhã, José foi encontrá-los e percebeu grande tristeza em seus olhos. Interessado, José interrogou-os, dizendo:

— Percebo que aconteceu algo de ruim com vocês; posso saber o que ocorreu para que se mostrem tão desanimados?

Ambos responderam:

— Esta noite sonhamos o mesmo sonho e não sabemos o que ele poderia significar para nós.

José redargüiu:

— Por acaso, a interpretação de sonhos não pertence a Deus? Contem-me o sonho.

O copeiro-mor adiantou-se, narrando o seguinte:

— Eu enxergava bem à minha frente uma cepa, e nela havia três varas que cresciam aos poucos, tomando a forma de gomos. Depois, a parreira floriu, as uvas amadureceram. Nesse instante, eu segurava em uma das mãos a taça do faraó; então, eu recolhi as uvas, comecei a espremê-las na taça com a mão que tinha livre, e ofereci aquela bebida, que eu mesmo tinha preparado, ao faraó.

José pôs-se a contar:

— É esta a interpretação do sonho: as três varas representam três dias ainda, e, chegando o terceiro dia, o faraó perceberá a falta dos seus esmerados serviços. E assim você será reconduzido ao antigo cargo; você cumprirá seu dever de copeiro do faraó, apresentando a ele a taça, da mesma maneira como fazia antes. Apenas lembre-se de mim, e tenha sempre compaixão por mim quando você se sentir feliz, e peça, polidamente, ao faraó que me tire desta prisão, porque sou inocente e estou aqui abandonado fora da terra dos hebreus.

O padeiro-mor percebeu grande sabedoria naquela interpretação do sonho do copeiro-mor e imitou-o:

— Também sonhei coisas estranhas esta noite. Eu percebia que carregava três cestos de farinha sobre a minha cabeça, e que no terceiro cesto, que estava acima de todos, eu transportava todas as iguarias que a arte do padeiro é capaz de preparar; sobrevoando o cesto, as aves comiam as delícias.

José revelou:

— Posso interpretar, nesse sonho, que os três cestos são três dias futuros, e no terceiro dia o faraó sentenciará que ergam a sua cabeça e, então, ordenará que coloquem uma corda no seu pescoço e gritará que o enforquem imediatamente, e as aves irão devorar a sua carne.

Como predito, passados três dias, celebrava-se o aniversário do faraó que, oferecendo um grandioso banquete, no qual comeria com seus criados, deu por falta do copeiro-mor. Retirados da prisão, ambos voltaram à presença do faraó. Um, o copeiro-mor, para lhe apresentar a taça; e o outro, o padeiro-mor, para receber a sentença de enforcamento. Foi comprovada a veracidade e a sensibilidade do intérprete. Mas, apesar de tudo isso, o copeiro-mor não dava sinais de que o fim do sonho se realizaria, pois, no sonho, ainda faltava a libertação de José. Foi bem-sucedido em suas ambições, e José permanecia na prisão, esquecido.

Passados alguns anos, o faraó teve um sonho complexo. Sentia que pisava a margem do rio, de cujas águas emergiam sete vacas, muito saudáveis e gordas, que pastavam em ambientes sombrios, com charcos. Emergiam também outras sete vacas do rio, desta vez desfiguradas e magras como caveiras descarnadas, que pastavam naquela mesma margem, em que as outras pastavam, em campos de pura erva fresca; e as magras devoraram as outras, saudáveis e gordas. Quando o faraó despertou, mal o fez, e adormeceu novamente, e teve ainda outro sonho, expressivo como o primeiro: ele percebia que sete espigas nasciam do mesmo caule, enormes, vibrantes; nascendo, a seguir, também, outras sete espigas, pequeninas e ressequidas, que comiam insaciavelmente todas as primeiras, tão cheias de vida. Assim que abriu os olhos naquela manhã, o faraó, cheio de pavor, ordenou aos seus criados que chamassem todos os adivinhos do Egito que, uma vez reunidos em frente ao faraó, ouviram dele o sonho inexplicável.

Foi só então que o copeiro-mor lembrou-se de José, que interpretava sonhos, e disse:

— Confesso, humildemente, a minha falta: quando fomos enviados ao cárcere por ira do rei, então encolerizado contra todos os seus servos, conhecemos um rapaz e, com ele, comentamos que, certa vez, ambos acordamos do mesmo sonho, que pressagiava o futuro. Esse rapaz é hebreu, servo do mesmo general do exército. Ouvindo atentamente nossos sonhos, interpretou-os e os fatos se comprovaram; realmente, ele revelara que eu seria restituído ao meu cargo, e que o padeiro-mor seria morto, pendurado numa forca.

Mal o copeiro-mor dizia as últimas palavras sobre o sonho, o faraó ordenou que, imediatamente, José fosse libertado da prisão. No palácio, os criados tomaram todas as providências para que ele se apresentasse decentemente perante o faraó. Logo que adentrou na sala do trono, o faraó contou-lhe:

— Sonhei alguns sonhos inexplicáveis, e ouvi dizer que tu és capaz de explicá-los com extrema sabedoria.

José respondeu:

— Eu falarei pela voz de Deus, que responderá favoravelmente ao faraó.

O faraó pôs-se a contar o que tinha visto:

— Eu sentia estar sobre a margem de um rio, onde, de suas águas, emergiam sete portentosas vacas, extremamente bem-feitas, e gordas, que pastavam num ambiente de charco sombrio e erva verde. De repente, percebo que, atrás destas, vinham outras sete vacas muito ressequidas e descarnadas, totalmente diferentes das vacas da terra do Egito; e que, depois de devorarem as gordas, não demonstravam sentir-se fartas; ao contrário, permaneceram tão macilentas e feias como antes. Mal abri os olhos, fui novamente tomado pelo sono. De dentro deste, saiu um outro sonho: sete espigas brotaram do mesmo caule, cheias de vigor e robustez. Percebi que havia outras sete, pequeninas e ressequidas, que nasciam de um segundo caule, e que devoraram as primeiras, que eram tão vigorosas. Consultei vários adivinhos, contando-lhes o sonho que, até então, permanecem inexplicáveis.

José revelou:

— Todos esses sonhos reduzem-se a um só: Deus apontou ao faraó a missão que deve cumprir. As sete vacas portentosas e as sete espigas robustas significam sete anos de abundância no reino; conforme os sonhos revelam. As sete vacas ressequidas e descarnadas, que emergiram do rio depois das primeiras, e as sete espigas pequenas e ressequidas significam sete anos de fome e carestia que se seguirão. E isso, se cumprirá, segundo essa ordem que revelei. Em primeiro lugar, virão sete anos de imensa fertilidade por todo o território egípcio; a estes se seguirão outros sete anos de tamanha esterilidade, que ninguém mais será capaz de ter memória da fartura anterior. Porque virá a fome, que esgotará toda a terra, e o peso enorme da penúria há de ocupar o espaço da lembrança da abundância de antes. O segundo sonho revela a confirmação do primeiro; este, que se refere à mesma coisa, é, com certeza, um sinal seguro de que será executada a palavra de Deus, e, imediatamente, se cumprirá. Ciente disso, agora escolhei o mais depressa possível, sábio e poderoso faraó, que tem autoridade sobre a terra do Egito, escolhei, com todo o vosso cuidado, superintendentes para todas as províncias. A quinta parte dos abundantes frutos obtidos nos sete anos de fertilidade, que já se aproximam, seja estocada nos celeiros. A partir de então, junte-se todo esse trigo e o depositem sob o poder do faraó, e assim se faça em todas as cidades. Assim, todos estarão preparados para a futura fome dos sete anos seguintes, porque por tais agruras o país não passará.

O faraó demonstrou sabedoria em dar a José a incumbência de planejar e administrar os recursos alimentares do Egito, durante o período de cumprimento da profecia. Ele disse a José, conforme nos revelam os textos sagrados de milênios atrás:

— Poderemos nós encontrar um homem como este, que esteja cheio do espírito de Deus?

Disse, pois, a José:

— Visto que Deus te manifestou tudo o que disseste, poderei eu encontrar alguém mais sábio e semelhante a ti? Tu governarás a minha casa e, ao mando de tua voz, obedecerá todo o povo: eu não terei sobre ti outra precedência, além do trono.

Ditas estas palavras, o faraó puxou seu anel do dedo e o transferiu ao dedo de José. Fez o mesmo com todos os símbolos de realeza, entre eles mantos e colares, com os quais vestiu José. Ele, também, fez com que o jovem hebreu subisse no coche real e atravessasse a cidade, fazendo um mensageiro apregoar por cada canto que todos se ajoelhassem à sua presença, pois, agora, reinava junto ao faraó.

Como adivinho da profecia, o agora superintendente, mas eterno sonhador José, também interpretaria com lucidez e veracidade as revelações de como deveria dirigir os ditames divinos ao povo.

José e o sonho da fraternidade

José atingira o sonho inimaginável de ver-se solto da prisão e alçado à honradíssima posição de administrador do Egito, mas sentia uma falta dolorosa da família. Sonhava um dia poder juntar-se, novamente, a ela. Enquanto isso, o faraó e o povo aguardavam o cumprimento das profecias que José interpretara através dos sonhos do faraó. Como superintendente, o jovem hebreu pôde comandar as ações estratégicas para que a fome não devastasse o Egito e seu povo.

Passado pouco tempo da revelação, cumpriu-se a primeira delas: a dos sete anos de fertilidade, e, então, nas terras das cidades egípcias via-se brotar e crescer abundantemente o trigo, como jamais se via. O faraó e o povo admiravam aqueles infindáveis campos, onde as folhas do trigo farto e dourado balançavam suavemente à menor brisa, emitindo reflexos dourados e oferecendo uma encantadora paisagem aos que caminhavam nas redondezas dos trigais. Quando José percebeu que era chegada a hora da colheita, muniu os servos de foices e enviou-os aos campos. Os galhos cortados foram amarrados em volumosos feixes, sendo parte deles estocada nos celeiros, sob as orientações de José, sempre presente e atento ao trabalho dos servos. Estava cumprida parte da profecia.

Foi tanta a abundância do trigo, que se igualava à areia do mar, e a quantidade excedia toda medida.

Terminados esses sete anos de abundância, cumpriu-se a segunda parte da profecia de José, e veio o período dos outros sete anos, desta vez de carestia. Por todas as partes do mundo conhecido, a fome maltratava o povo, imperando cruel e dolorosa, e não havia sequer uma ponta de esperança de que pudesse vir a nascer vegetação. Pelos campos, o que se via era apenas a terra seca e gretada, visão cruel, se comparada às paisagens douradas de antes. No entanto, para o povo do Egito não faltava o pão. O povo egípcio estava a salvo da perdição graças à administração de José que, cumprindo à risca a profecia divina, ordenou que se guardasse grande parte da colheita para suprir as necessidades do povo na época de penúria.

Quando o Egito sentiu a fome, o povo clamou ao faraó, pedindo sustento. E ele lhes respondeu:

— Ide a José e fazei tudo o que ele vos disser.

Ora, a fome crescia todos os dias em toda a terra; José abriu todos os celeiros, e vendia aos egípcios, porque a eles oprimia a fome. E todas as províncias vinham ao Egito, para comprar comida e procurar alívio ao mal da carestia.

Espalhou-se pelo mundo a notícia de que no Egito sobejava o alimento, a ponto de poder, até, ser comercializado para outros povos. Essa boa nova chegou aos ouvidos de Jacó, o pai de José, que morava em Canaã. O pai, então, mandou que seus dez filhos fossem até as terras do Egito, a fim de adquirir trigo o suficiente para livrá-los do castigo terrível e diário com que a fome os fustigava.

Assim, enviados por Jacó, os dez rapazes partiram famintos para a grande jornada, ao Egito, em busca de grãos. Até então, ninguém da família sabia por onde andava José, e assim os irmãos não tinham ciência de que ele era o superintendente do faraó. Por fim pisaram, exaustos, terras egípcias, e se encaminharam aos celeiros para a compra dos grãos. Sem reconhecer José, mas sendo por ele identificados, os jovens postaram-se diante dos armazéns, como o faziam as centenas de estrangeiros, à espera da compra.

José sentiu-se ofendido por não ter sido saudado pelos irmãos e tratou-os com indiferença e aspereza, como a quaisquer outros compradores. Quando chegou a vez deles, José secamente mandou ao intérprete perguntar-lhes de onde vinham e o que queriam. Sem demora, um dos irmãos respondeu-lhe, por meio do intérprete, que vinham das terras de Canaã, onde havia fome, e que estavam ali porque sabiam que, no Egito, sobejava alimento para a venda. José recordou-se de um antigo sonho profético que tivera e passou a acusar os irmãos de espiões. Defendendo-se das infâmias, respeitosamente, um dos irmãos explicou-lhe a verdade, declarando-se servos fiéis e pacíficos, filhos de um mesmo homem, que apenas vieram comprar alimentos. José insistiu em declará-los espiões, vindos de terras poderosas, que pretendiam invadir o Egito. Apreensivos, os irmãos detalharam sua condição, dizendo que eram doze irmãos, dos quais um ficara cuidando do pai, e, do outro, não se tinha notícia, havia muito tempo. Mas José apertou-os ainda mais, ordenando-lhes que, se era verdade o que diziam, fizessem vir à sua presença o irmão mais novo. Trancou-os no cárcere e libertou-os depois de três dias. Antes de partirem, José ordenou que dispusessem o dinheiro que haviam pago, em meio à imensa quantidade de trigo, em pesados sacos, e ordenou-lhes que fossem buscar o tal irmão. Mas reteve um deles na prisão. Este só ganharia a liberdade após o retorno dos demais, trazendo-lhe o que estava em Canaã. José retirou-se por um momento e chorou de emoção pelo encontro.

Mandou que lhes dessem provisões suficientes para seguir viagem e os dez irmãos foram-se embora, tentando justificar aquela situação por que passaram, até que concluíram que devia ser um castigo por terem abandonado ao léu o irmão, ainda menino, angustiado, que não sabiam ser, agora, o próprio superintendente do Egito: José. Chegando a um acampamento, abriram um dos sacos de trigo para alimentar os animais, quando se depararam com o dinheiro. Assustando-se, não encontraram explicação, e indagaram a Deus o que estava acontecendo a eles.

Rumaram à casa do pai em Canaã e lhe contaram o sucedido, enquanto abriam os sacos restantes. Qual não foi sua surpresa, ao verem, em meio ao trigo, todas as bolsas de dinheiro. Jacó lamuriou-se que os filhos, pretendiam abandoná-lo, de vez, levando ao Egito o único que lhe fazia companhia. Os rapazes desmentiram-no, acalmando o pai com a promessa do regresso de todos. Jacó manteve-se firme e impediu que levassem o outro filho.

O tempo passou e os grãos da casa de Jacó terminaram. O pai novamente mandou os filhos ao Egito para uma nova compra de grãos, ao que responderam que só iriam, se o pai lhes permitisse levar o irmão. Depois de muito ponderar, Jacó consentiu, com a condição de que também levassem iguarias e o dobro do dinheiro àquele que queria ver seu filho. Ninguém da família sabia por onde andava José, e assim não tinham ciência de que ele era o superintendente do faraó.

No dia seguinte, seguiram rumo ao encontro com José, que, ao vê-los, mandou que se preparasse um grande almoço. Quando foram encaminhados para a casa de José, assustados, imaginavam que ele os chamara por causa do dinheiro que estava nos sacos misturados ao trigo, de modo que trataram de contar ao criado a estranha descoberta. Ofereceriam a José, desta vez, dinheiro em dobro, para que não pensasse mal deles. O criado acalmou-os, com a revelação de que os sacos de moedas haviam sido um presente de Deus, e que ele recebera em mãos o pagamento daquela primeira compra. Ao se aproximarem de José, os irmãos lhe ofertaram as igua-rias mandadas pelo pai. José, vendo à sua frente o irmão mais novo, abençoou-o e, comovido, retirou-se para o quarto, chorando. Chegada a hora, voltou à sala e ordenou que o almoço fosse servido. Sentados todos às mesas, José mandava servir-lhes porções fartas, principalmente, ao mais novo. Alegres, muito comeram e beberam, agradando-lhes a companhia de José.

Terminada a refeição, enviou os irmãos aos aposentos para descansarem e repetiu as mesmas ordens ao criado: dispor na boca de cada saco de mantimento as bolsas de dinheiro e, pela manhã, quando já estivessem na estrada, acusá-los de roubo da taça em que José bebia. Os irmãos negaram veementemente as acusações, mas o criado já estava a abrir saco por saco, dizendo que o dono daquela onde encontraria a taça seria feito seu escravo. E encontrou a taça de José no saco que o irmão mais novo carregava. Os irmãos se desesperaram e foram ao encontro de José contar-lhe do desespero em que o pai cairia, caso o irmão menor não retornasse à casa, porque já havia perdido um. José, emocionado, apresentou-se como o irmão perdido. Todos ficaram comovidos.

Então, José abraçou a todos e pediu que contassem ao pai que estava vivo, servindo o faraó no Egito, e que o trouxessem para junto dele, onde viveriam todos felizes e unidos em abundância.

Esse sonho de fraternidade, de viver com a família novamente em harmonia e fartura, aliviou a alma do sábio José.

Capítulo 3

Sonhos de felicidade

Shangri-lá, o paraíso perdido

Havia naquelas terras uma cidade enigmática. Nas noites silenciosas e sem luar, mocinhas com roupas brancas saíam dos altos palácios da cidade e punham-se a bailar pelas calçadas ainda cobertas de névoa, sob o olhar misterioso dos rapazes. Cantavam músicas com suas vozes angelicais, suaves e macias. O ambiente era de serenidade.

Certa noite, nas cercanias desse lugar sonâmbulo, aterrissou um avião com dois jovens; um era piloto e o outro, seu co-piloto. Foi um pouso de emergência; os rapazes estavam em fuga de uma revolução em seu país e acabaram caindo naquele bosque de vegetação fechada, no meio do nada. Não viram nenhum resquício de civilização em sua longa caminhada em busca de abrigo. Andaram por muito tempo, na friagem da noite, em meio a animais selvagens, receosos e tremendo de medo e de frio.

Seus pés já sangravam quando, aos primeiros sinais do amanhecer, depararam-se com uma cidade quase fantasma. Aos poucos, enxergaram vultos e ouviram vozes distantes que se aproximavam, vindos dos quatro cantos. Acercavam-se dos rapazes cantando hinos ao sol. Era uma pequena multidão de homens e mulheres que, por seus cânticos e gestos, adoravam a aurora. Suas palavras eram incompreensíveis, emitiam sons exóticos que os pobres jovens perdidos nunca, antes, tinham ouvido.

Aos poucos, o temor do desconhecido foi se abrandando, e perceberam que os dançarinos não ofereciam perigo nenhum. Ao contrário, pareciam gente pacata e solidária; o que percebiam pelo seu semblante ameno e receptivo.

Os estranhos tentaram contar aos nativos o que lhes acontecera, porém, também não eram compreendidos. Aquela cidade misteriosa parecia ser muito antiga; os visitantes deviam ser raros.

Os dois conseguiram levar aquelas pessoas ao bosque, onde estava caído o avião, com a intenção de estabelecer uma comunicação com eles, contando que haviam estado dentro do avião quando uma pane os obrigou à aterrissagem. Com muito esforço e muita mímica puderam mal e mal explicar o ocorrido.

Mudou a atitude do povo para com eles: pareciam reverenciá-los e adorá-los, espantados. Os jovens perceberam que estavam sendo tratados como deuses, uma vez que tinham vindo do céu. Como nada podiam fazer, deixaram a situação como estava.

Mas, afinal, onde estavam? Que cidade seria aquela? Não havia pessoas idosas nem crianças, era tudo tão mágico e misterioso... Difícil entender o que se passava e, no entanto, aquela parecia ser uma vida perfeita.

Passados uns dias, a convivência fez com que a comunicação entre eles se tornasse mais fácil. Conseguiram aprender umas poucas palavras, o suficiente para estabelecer contato com os nativos, chegando a se apaixonar pelas ninfas, ao vê-las dançar com tanta graça e leveza.

Aos poucos descobriram onde estavam, não bem isso, mas souberam que as pessoas do local eram imortais, bem como tudo o mais que havia na cidade, mas o porquê não adivinharam. A consciência desse fato deixou-os estupefatos. Lá, ninguém envelhecia ou morria, era a terra da juventude eterna.

Ainda perplexos, foi-lhes dito que não poderiam ultrapassar as fronteiras da cidade. Sentiram-se, então, de certa forma, prisioneiros, cativos daquele povo, se bem que no início não foram tolhidos em sua liberdade. Mas o fato de haver essa restrição fez com que desejassem abandonar o local, e arriscaram a fuga. Aos poucos, perceberam que aquele local encantado era regido por normas rígidas, ditadas por homens e mulheres jovens de feições austeras. Esses governantes eram atentos e nada lhes passava despercebido.

Os dois aviadores foram internados numa torre de pedra, a mais alta que havia na cidade, pois os nativos já haviam começado a presumir que não se tratavam de deuses, mas de simples mortais, vivendo à mercê das condições humanas, como envelhecer, adoecer e morrer.

Por fim, foram libertados, não sem antes prometer que não mais se disporiam a escapar. Com o tempo, veio o sentimento de solidão e de insatisfação. Nem a alimentação abundante e saborosa, nem o conforto que os cercava amenizavam sua tristeza. O povo era gentil e solícito, mas o coração se apertava cada vez mais. Afinal, estavam numa terra estranha, vivendo entre estranhos e não se habituavam àquela situação. Nunca souberam que gente era aquela, de onde vieram, o que pensavam, por que se comportavam daquela maneira.

Já no limite de sua tolerância, empreenderam nova fuga. Não lhes agradava aquela vida de imortalidade, sem expectativas, sem sabor de tristeza ou de alegria. Queriam sua vida mortal de antes.

Assim, os dois aviadores escaparam, levando uma das moças consigo. À medida que se distanciavam da cidade, a jovem rapidamente se transfigurou: sua pele foi perdendo o viço, as rugas se aprofundavam em seu rosto, seu corpo foi ficando ressequido e curvado até que se transformou numa anciã e morreu. Tal foi o susto do co-piloto que, tropeçando, caiu de uma ribanceira e também morreu.

O jovem aviador, que conseguiu voltar à sua terra, tentou retomar os hábitos de antes, porém não pôde mais. Desejava retornar àquele paraíso, onde estivera perdido, e nunca mais o encontrou. Recordou levemente que a cidade se situava lá por perto das montanhas do Tibete, mas do local exato, jamais soube. Lembrou-se, para sempre, das cachoeiras cristalinas, do canto dos pássaros e das pessoas lindas que lá viviam e que chamavam a cidade de Shangri-lá.

A república de Platão

Platão, filósofo grego, nascido na cidade de Atenas, tem incertas as datas de seu nascimento e morte, que se situam respectivamente por volta de 428 e 348 a.C. Há quem diga que seu verdadeiro nome seria Aristocles, mesmo nome de seu avô. O pseudônimo Platão viria, mais tarde, quando o jovem desenvolveu uma compleição robusta e vigorosa, tendo amplos ombros (*plato*, em grego, significa largo). Filho de Aristo e Perictona, descendentes de uma tradicional família pertencente à nobreza e à política de Atenas, pareceu natural que seu sonho e sua paixão inicial tenham sido pela política.

O rapaz, visando obter sólidas bases para desenvolver-se na política, iniciou seus estudos filosóficos com Crátilo, tornando-se depois, aos vinte anos, discípulo de Sócrates. Ambos compartilhavam um sonho: acreditavam que o percurso que leva o ser humano a praticar a justiça e a virtude se dava por meio da filosofia, e perseguiam os princípios morais e a convivência pacífica dentro das relações sociais. Platão esteve ao lado do mestre por quase dez anos, bebendo avidamente de seus conhecimentos, até que Sócrates foi condenado a suicidar-se tragando um cálice de cicuta, veneno mortal. Platão indignou-se e acompanhou desolado o processo de condenação do mestre e bom amigo Sócrates. Após essa morte tão brutal, o rapaz, tomado de extrema angústia, decepcionou-se com a democracia ateniense, e abandonou suas atividades públicas para dedicar-se apenas a pensar, escrever e peregrinar pelo mundo, vivendo como nômade por doze anos. Mas seus sonhos o perseguiam. De volta a Atenas, fundou a Academia (que recebeu este nome por instalar-se no jardim de Academos), onde ensinava ginástica, filosofia, música e matemática, à qual dava grande valor, porque sua prática constante promovia o exercício do pensamento abstrato.

Esse grandioso filósofo imortalizou-se através de sua profunda, humana e conhecida obra, escrita em forma de diálogos, quase trinta, tendo o amigo Sócrates como personagem freqüente, uma vez que o mestre acalentou e participou dos mesmos sonhos. Alguns dos mais conhecidos são *Hipias Maior*, onde faz conceituações sobre o belo; *Hipias Menor*, obra em que comenta sobre a mentira; *Eutifron*, que aborda a piedade; *Mênon*, no qual discorre sobre a virtude; *Crátilo*, em que expõe a relação existente entre as coisas e os nomes; *Banquete*, em que trata sobre o amor ao belo; *Górgias*, obra que discute a violência e a diferença entre a filosofia e a sofística; e *A República*, um tratado em que propõe sua organização ideal de cidade, ou *pólis*.

Seguem-se algumas destas proposições de como alcançar uma sociedade perfeita. Em *A República*, Platão revela seu sonho de formular um sistema governamental e uma maneira de viver ideais, expondo a possibilidade de como chegar a eles. Como não acreditasse mais na democracia, a *pólis* deveria ser governada de forma autoritária, porém por reis bondosos e filósofos, que deveriam oferecer estabilidade e conforto aos cidadãos, não divididos por classes.

De acordo com suas idéias, o conhecimento humano provinha de três pontos básicos, que são o desejo, a emoção e o conhecimento. Estes três elementos seriam emanados, respectivamente, do baixo-ventre, do coração e da cabeça, possuindo, cada uma dessas faculdades anímicas, um ideal ou, no dizer de Platão, uma "virtude". Para se alcançar o sonho do Bem Supremo, o impulso só poderia ser o amor, a mais poderosa disposição humana, por meio da qual é possível alcançar a harmonia. Seria necessário despender um longo tempo de preparação para conquistar a temperança e conhecer a Verdade. Aquele que almejasse e se tornasse mais próximo do Bem, estaria mais apto a ser o governante, pois teria garantido o sonho da felicidade coletiva, com capacidade de transmitir o *bem* a todos.

Assim, nessa sociedade idealizada, as crianças, ao nascerem, seriam retiradas das suas casas para serem educadas pelo Estado. Até os dez anos, cuidariam da saúde em amplo sentido: fisiológica e psicológica. Exercitariam o físico, através de exercícios regulares, e também o espírito, por meio da música que, de acordo com o filósofo, desenvolveria seus sentimentos, sua capacidade de se emocionar e de sonhar, e forjaria seu caráter. Ao completarem dezesseis anos, já deveriam ter desenvolvidas essas qualidades e passariam para um outro estágio, o do desenvolvimento moral, tendo por base a crença em Deus. Platão reconhecia sua existência, que, embora não pudesse ser demonstrada, podia ser sentida por meio das maravilhas da natureza, como as estrelas, o Sol, a Lua, as flores.

Quando os jovens completassem vinte anos, de posse dessas virtudes, passariam por uma espécie de exame prático e teórico, para que se certificassem de que haviam se desenvolvido o suficiente nos estágios anteriores, e os que fossem reprovados trabalhariam em atividades econômicas. Os bem-sucedidos teriam, pela frente, mais dez anos de aprimoramento e, caso aprovados, iniciariam seus estudos filosóficos, alcançando a esfera da doutrina e do mundo das idéias. Nesse novo universo, seria possível viver, através da transcendência, uma vida independente, onde os elementos da virtude já estariam desenvolvidos e entrosados pelo sentimento do amor. A razão comandaria, guiada pela emoção, sem contudo se submeter a esta; a sensualidade, necessária ao ser humano, seria exercida com moderação, assim como a fome e a sede. Deixar-se levar pela paixão desenfreada corresponderia a violentar a própria essência, visto que se tratava de uma atitude irracional. Se assim procedesse, estando em sociedade, revelaria características de um opressor, causando a infelicidade e o desamor entre todos.

Platão fundamentava, dessa forma, a teoria cujas raízes se estendiam no profundo e generoso território dos seus sonhos, imaginando que a constituição do Estado deveria corresponder à constituição física, com três partes: cabeça, peito e abdômen corpóreos, que seriam, respectivamente, os governantes, os soldados e os trabalhadores comuns. Então, se o homem exercitasse o autodomínio e a sobriedade, o Estado virtuoso aconteceria quando cada pessoa tivesse consciência e ocupasse prazerosamente seu lugar no todo.

A política, de acordo com o filósofo, deveria ser organizada de modo semelhante ao que ele considerava justo e correto para a vida do indivíduo, presenteando a todos com a vida que sonhavam. Assim, as leis e o controle das atividades necessitavam ser exercidos pelos filósofos, que eram a porção racional da alma; assim orientariam e cuidariam da felicidade, da alegria de viver e do bem-estar dos demais. Platão, pois, prezava mais a felicidade coletiva que a individual, que seria uma conseqüência daquela. Permanecia um sonhador, desta vez dos sonhos comuns de uma sociedade feliz.

A porção emocional da alma, nesta cidade ideal, seria composta por equipes de guerreiros fortes, bravos, íntegros, fiéis e contrários a qualquer ato infame, que cooperariam docilmente com os governantes. A eles caberia defender a integridade interna da *pólis*, distribuir justiça e felicidade entre os cidadãos, bem como protegê-la de possíveis invasores que porventura tomassem a *pólis* e destruíssem sua harmonia.

Por fim, para assegurar sustento material comum, lá estariam os homens, também felizes em suas funções, executando suas diferentes tarefas, como cultivar a terra, pastorear rebanhos, professar o ofício de executar trabalhos manuais, erguer casas, tecer... Esse seria o grupo correspondente à parte sensual da alma, de matéria mais terrena, porque é acionado pela cupidez do lucro e não pela aspiração do Bem. Embora fosse uma massa de grande importância para a sobrevivência material da sociedade, era preciso ser controlado pela porção emocional da alma, os guardiões da cidade, segundo as ordens da porção racional da alma, dos dirigentes filósofos, que determinariam as regras de comportamento, a quantidade de alimento a ser distribuída, e a determinação de providenciar sobre melhorias urbanas.

O sonho de Platão, por suas qualidades de alcançar o bem comum, compartilha do rol dos mais belos sonhos já imaginados pela humanidade. É um sonho de sabedoria, que engrandece o ser humano, aproximando-o do Bem e das virtudes, capacitando-o a refletir sobre a coragem de tentar tornar este mundo mais grandioso e feliz.

Utopia

Sir Thomas More (latinizado Morus) nasceu em Londres em 1478 e nesta mesma cidade morreu em 1535. Desde a infância recebeu educação esmerada. Em Oxford, estudou grego antigo e Direito. Seguiu carreira jurídica e política, integrando a Câmara dos Comuns, chegando ao mais alto cargo do reino: o de lorde chanceler.

Foi, como outros grandes humanistas do seu tempo, um cristão que discordava da Igreja da sua época, que cada vez mais cultuava o poder e as riquezas, em detrimento da espiritualidade e da humildade. Partilhava das idéias de Erasmo de Roterdã, quando este tecia ácidas críticas à Igreja, por causa das penitências e indulgências, por meio das quais vendiam o céu.

Partilhou da defesa da Igreja Católica, contra a Reforma, junto ao rei Henrique VIII. Quando o rei divorciou-se da rainha Catarina de Aragão e casou-se com Ana Bolena, rompendo com o papa, Sir Thomas More entregou-lhe sua demissão. E o rei mandou decapitá-lo.

Sir Thomas More escreveu em 1515 a *Utopia* (do grego *ou*, "não", e *topos*, "lugar"), obra pela qual é admirado até hoje. More nunca se conformou com a falta de justiça social e a mesquinharia da classe dominante da sua época. No seu livro é possível constatar tal postura. Através de um dos personagens, Sir Thomas More apresenta o trabalho sacrificado dos camponeses para sustentar a nobreza e o clero.

A *Utopia* (originalmente chamada *Sobre o melhor Estado e sobre a nova ilha Utopia*) versa sobre a sociedade ideal. Seu cenário é uma ilha imaginária, com 54 cidades, todas grandes e bem construídas, onde cada qual cumpre com a sua parte e há grande abundância de todas as coisas. Não há propriedade privada, o que, a seu ver, é um impedimento para a prática da virtude, motivo pelo qual os homens foram criados. A *Utopia* representa uma nova civilização, em princípio vista como uma crítica à Inglaterra.

Escrito em estilo irônico e caricatural, a *Utopia* conta a seguinte história:

Um marinheiro náufrago, de nome Rafael Hythloday, chega a uma ilha, Utopia, cuja localização tornava possível o comércio marítimo e a proteção contra ataques inimigos. Nessa ilha, os habitantes faziam seus trabalhos com zelo e consciência. Passados cinco anos neste local,

Rafael retornou à Europa para contar sobre a perfeição das instituições sociais e libertárias e do modelo de vida. Os homens de lá viviam conforme a natureza, ao contrário da civilização ocidental. Essa crença sustenta que se leve uma vida espiritualizada aqui na Terra. A religião praticada na ilha de Utopia apresenta diversidade; era permitida qualquer espécie de crença. A prática do ascetismo seria opcional mas, no dizer de More, se "o objetivo do asceta é tornar melhor a vida do próximo, por que não começar pela nossa própria casa e tornar melhor nossa própria vida?". Mulheres velhas e viúvas podiam ser sacerdotisas.

A economia da ilha tinha por base a lavoura e as reservas naturais, não sendo necessário o dinheiro; o comércio se dava por meio de trocas. Assim, não havia o orgulho, a avareza, a ganância. A intenção era criar uma comunidade de bens que governasse as pessoas. Em vez de ambição, haveria igualdade de fato, e também os bens seriam cada vez melhores distribuídos, e todos estariam cada vez mais satisfeitos.

Quanto às cidades, as ruas eram da mesma largura e todas as casas eram idênticas, sem fechaduras, com uma porta de entrada e outra de saída, com jardins e quintais. A cada década, as famílias deviam se mudar, trocando de casas, evitando que se instalasse o sentimento de posse dos bens. O prazer era valorizado, uma vez que traz felicidade.

A jornada diária de trabalho alcançava o total de seis horas (três horas pela manhã e três horas depois do almoço). As horas restantes podiam ser utilizadas no desenvolvimento das ciências e da espiritualidade, sendo que a todos eram garantidas oito horas de sono. Não havia ócio ou trabalho inútil.

O trabalho da zona rural, ou outros mais pesados, ficavam a cargo de prisioneiros, e a direção das fazendas era responsabilidade de um casal e dois empregados. A estes cabia o abate de animais, para que os cidadãos não tomassem contato com atos cruéis. Era proibido matar animais sem necessidade.

Quanto à vestimenta, era a mesma para todos, porém dividida em quatro grupos: para homens, para mulheres, para casados e para solteiros, que a cada sete anos eram trocadas por novas vestes, confeccionadas pelas famílias. Essas roupas eram diferenciadas, havendo as apropriadas para o trabalho e para o lazer.

A Utopia tinha como governante um príncipe eleito indiretamente. Ganhava vitaliciedade caso não se revelasse um tirano; se isso acontecesse, o líder era deposto.

O sistema familiar, patriarcal, dava poderes ao pai para dirigir também os filhos casados, aos quais era determinado o número de filhos que podiam pôr no mundo. Se tivessem mais filhos que o estabelecido, as crianças a mais morariam com famílias que ainda não tivessem chegado ao número limite. Haveria, assim, um equilíbrio perfeito nos lares.

A virgindade, tanto masculina quanto feminina, era uma exigência até o casamento, havendo punição para os pais de quem infringisse essa regra. Porém, antes de contraírem matrimônio, os noivos deviam mostrar seus corpos nus um ao outro, para que não se desiludissem depois de casados. Caso se separassem, eram feitos escravos, porém havia a concessão do divórcio em casos de adultério ou incompatibilidade muito séria entre o casal.

Quanto à doença, caso não pudesse ser curada ou se o doente fosse terminal, sugeria-se o suicídio, que não era concretizado se o doente preferisse continuar recebendo tratamento.

Na Utopia não havia pena de morte mas, sim, leis que auxiliavam o faltante a se recuperar, sem que se fizesse uso da violência. Só havia guerra se fosse para defender o território ou aliar-se a um país amigo.

Havia abertura ao intercâmbio cultural e estava proibida a crítica ferina ao pensamento alheio.

Como a obra *Utopia* traz uma espécie de comunismo embrionário, passou a ser modelo de várias outras utopias nos séculos seguintes, incluindo Sir Thomas More na lista dos precursores do socialismo.

Canaã, a terra prometida

Já sem argumentos que demovessem o faraó de continuar a explorar os hebreus e usá-los como mão-de-obra escrava, situação que já perdurava por volta de quatrocentos anos — foi deles que o faraó se valeu para sustentar grande parte da economia do Egito antigo —, o Deus dos judeus houve por bem libertar seu povo, enviando castigos ao faraó. Com o fim de amedrontá-lo, o Senhor enviou dez pragas ao Egito. A primeira praga, que caiu sobre o povo egípcio, foi a transformação das águas dos rios em sangue. A segunda praga flagelou o Egito com rãs, que invadiram até as camas dos egípcios. Com a terceira praga, nuvens de mosquitos invadiram as terras, caindo sobre homens e animais. Como quarta praga, o Senhor enviou toda espécie que havia de moscas. Na quinta praga, foi enviada uma pestilência gravíssima que matou cavalos, jumentos, bois e ovelhas. A sexta praga constou de lançar cinzas sobre os animais e homens, provocando-lhes úlceras e tumores. Na sétima praga, o Senhor fez chover granizo sobre eles. Com a oitava praga, foram enviadas nuvens de gafanhotos que cobriram os céus e devoraram tudo o que havia sobrevivido ao granizo. Na nona praga, o Senhor deixou, por três dias, o Egito em trevas. Mas o coração do faraó ainda estava endurecido e, então, o Senhor enviou a décima praga, que consistia na morte de todos os primogênitos na noite da data que ficou estabelecida como a primeira páscoa. O faraó, então, libertou Moisés e seu povo.

Moisés partiu com uma inumerável multidão, gado, ove-lhas, alimentos e diversos utensílios. Mas o faraó foi ao encalço de Moisés e seu povo, perseguindo-os durante o êxodo de sua libertação. Então o Senhor fez com que as águas do Mar Vermelho se abrissem ao meio e, quando os soldados egípcios começavam a alcançá-los, o mar fechou-se novamente.

Foi desta forma que os egípcios desistiram da perseguição. O povo hebreu estava livre e partiu para o deserto em busca da terra prometida. Porém, o caminho era longo, e logo os proventos chegaram ao fim. A multidão insatisfeita murmurou contra Moisés: diziam preferir ser mortos no Egito, onde comiam com fartura. O Senhor, então, enviou dos céus alimento para o povo: disse a Moisés que teriam pão pela manhã e carne pela noite, todos os dias da jornada. Ele lhes enviava o maná dos céus, como uma camada de orvalho: era como sementes de coentro branco, e o seu gosto, o de farinha amassada com mel.

Mas o povo continuava cansado, e foi árdua a tarefa de Moisés para conduzi-los, conforme prometera ao Senhor. Mas Ele não o abandonou. À noite, o Senhor se transformava numa coluna de fogo para aquecê-los e, durante o dia, numa coluna de nuvens, para que não perecessem no cáustico sol do deserto. Moisés advertia seu povo. Subia aos montes e se lamentava ao Senhor, que sempre o encorajava e supria as dificuldades. Fez brotar de rochedos água, tornou doce a água da região de Mara, que era amarga e intragável. Alentava ou repreendia, conforme a necessidade, não deixando que Moisés e seu povo desanimassem naquela caminhada que parecia não ter mais fim. Alimentava-os também com seu espírito.

Havia as terras férteis dos cananeus, dos heteus, dos jabuseus, dos amoreus, nas quais facilmente brotava o cardo e várias árvores frutíferas. O Senhor prometeu dá-las aos hebreus. Deus prometera bom êxito a Moisés na missão que lhe havia confiado. Dissera ao povo que deveria servir ao Senhor, que abençoaria todo pão e toda água, não deixaria que caíssem doentes e faria com que não houvesse entre as mulheres nenhuma estéril ou que abortasse.

E disse a Moisés que lhe daria o Seu terror e, assim, nenhum inimigo seria capaz de enfrentá-lo, pois ficaria confuso e fugiria. Faria isso aos poucos, para que a terra não se transformasse num deserto com covis de feras. Quando o povo já tivesse se multiplicado o suficiente e já possuísse terras como herança, Deus disse que fixaria os limites do território, que iria desde o Mar Vermelho até o mar dos filisteus, e desde o deserto até o rio, e que daria também a Moisés os habitantes daquelas terras.

— E, então, te assentarás nestas terras fabulosas, onde, se plantares o cardo, nascerão árvores frutíferas, e nos rios, ora correrá a água límpida, ora correrão o leite e o mel.

Assim, de sonhos como esse, nascem os impérios.

Sansão, o grande sonho

Este sonho se inicia numa época distante, em que as mulheres das tribos israelitas eram tão valorizadas por seu potencial de gerar filhos, a ponto de ser permitido, aos maridos, abandonar as mulheres com quem haviam se casado, caso fossem estéreis. Entre esse desprezado grupo, estava a mulher que Manoá desposara.

A pobre mulher sentia-se envergonhada perante o marido, por ser estéril, e temia ser por ele abandonada. Seu maior sonho era dar um filho ao marido. Orava ao Senhor para que Ele se apiedasse dela e realizasse seu sonho. Uma certa noite, depois de muito orar, apareceu o anjo do Senhor e disse:

— Tu és estéril e sem filhos, mas conceberás e darás à luz um filho. Toma cuidado, não bebas vinho nem coisa que possa embriagar, nem comas coisa alguma impura; porque conceberás e darás à luz um filho, cuja cabeça não será tocada por navalha; pois ele será nazireu de Deus desde a sua infância e desde o ventre de sua mãe. Ele começará a livrar Israel das mãos dos filisteus.

Emocionada e quase fora de si, a mulher foi ao encontro do seu marido, apressando-se em contar-lhe sobre a aparição de um homem — pois não tinha certeza tratar-se de um anjo de Deus — que lhe trouxera a sublime revelação de que daria um filho a ele. E repetiu as palavras que a deixaram tão feliz:

— Eis que conceberás e darás à luz um filho; toma cuidado, não bebas vinho nem coisa que possa embriagar, nem comas coisa alguma impura, porque o menino será consagrado a Deus desde a sua infância, desde o ventre de sua mãe, até o dia da sua morte.

Manoá, um homem piedoso e servo do Senhor, dirigiu uma oração ao Senhor, suplicando-lhe que enviasse um anjo para orientá-lo como deveriam proceder com aquela criança tão sonhada e tão especial...

Manoá era um bom homem, e por isso o Senhor atendeu às suas preces. O anjo de Deus foi novamente enviado à mulher, no dia seguinte, quando ela estava recostada, sozinha, numa árvore do campo, devaneando sobre a criança que trazia no ventre. Assustada com a repentina aparição, e sem ter coragem de ouvir suas palavras, a moça disparou para contar a Manoá o que acontecera. Ambos caminharam até o local onde sua mulher lhe dissera que vira de novo aquele mesmo homem. Como ele ainda estivesse por lá, Manoá indagou sobre como deveriam cuidar da criança que nasceria.

O anjo do Senhor instruiu-o como antes havia feito, quando apareceu pela primeira vez à mulher:

— Abstenha-se tua mulher de tudo o que eu lhe disse; que ela não coma nada do que nasce na vinha; que não beba vinho, nem coisa que possa embriagar, que não coma coisa alguma impura; observa e cumpre o que te ordenei.

Manoá rogou-lhe que respondesse à sua pergunta, a que ele agradeceria oferecendo-lhe, como refeição, um cabrito, pois não sabia que se tratava de um anjo do Senhor. O anjo respondeu que fizesse o holocausto não a ele, mas a Deus.

Seguindo estas instruções, Manoá tomou um cabrito, colocou-o sobre uma pedra feita como altar e, ateando fogo a ele, ofereceu-o ao Senhor, louvando as maravilhas que concedera a ele e à sua mulher. Mal as chamas começaram a se avolumar e subir ao céu, também o anjo do Senhor se foi com elas. Ao presenciarem tal cena, Manoá e sua mulher se atiraram ao chão, com o rosto voltado para baixo, e o anjo não mais apareceu. Foi, então, que Manoá, imediatamente, deu-se conta de que era um anjo do Senhor. Atemorizado, o marido tremia ao di-zer à mulher que eles morreriam, porque viram a Deus.

A mulher ponderou, tentando acalmá-lo:

— Se o Senhor nos quisesse matar, não teria recebido de nossas mãos o holocausto e as libações, nem nos teria mostrado todas essas coisas, nem nos teria dito o que está para acontecer.

E, passado o tempo previsto da gravidez, ela deu à luz o filho sonhado, que nasceu forte, robusto e corado. Ela o adorou em seus braços e ofereceu-o a Manoá. Recebera o milagre de ser mãe, quando era estéril, e livrou-se da dolorosa situação de ser rejeitada pelo marido.

Deu ao amado e tão esperado recém-nascido o nome de Sansão.

O menino desenvolveu-se e o Senhor o abençoou, estando para sempre com ele em espírito, para manifestar sua sagrada e monumental força através de Sansão, o que aconteceu por toda a sua vida.

Sansão, o juiz do povo hebreu

Quando já se tornara rapaz, Sansão apaixonou-se por uma moça filistéia de Tamna. Sonhando em tê-la por mulher, pediu aos pais para tomá-la em matrimônio. Os pais preferiam que se casasse com uma moça de sua tribo hebraica, pois a amada era de outra tribo, dos inimigos filisteus, mas aquiesceram. No dia em que Sansão foi encontrar-se com a amada, foi atacado por um leão. Bravamente, Sansão estraçalhou-o como a um cabrito. Era uma manifestação do espírito divino.

No dia de seu casamento, passados alguns meses, ao dirigir-se a Tamna, deu com a carcaça do leão que matara e percebeu que havia favos de mel dentro dela. Colheu-os, levou aos parentes e, juntos, comeram o mel, sem que eles soubessem sua origem.

Chegada a semana do casamento, durante o banquete, Sansão propôs aos convidados uma adivinhação, inspirada no episódio com o leão. Mal sabia ele quanto transtorno isso lhe causaria. Era a seguinte:

— Do que come saiu comida, e do forte saiu a doçura.

Como já se passavam três dias sem que ninguém solucionasse o enigma, as pessoas passaram a pressionar sua mulher que, instigada por elas, pôs-se a infernizar a vida de Sansão, até que, aturdido, ele revelou a ela a resposta que, prontamente, contou a todos. Quando Sansão ouviu a solução, foi tomado de extremo furor e matou trinta homens, pois ele sabia que a tinham obtido por meio de sua esposa. Desentendeu-se com a mulher e mandou-a embora para casa. Passado um tempo, voltou para vê-la, mas seu sogro o impediu, pois o costume permitia que uma noiva fosse entregue a outro como esposa se o seu pai determinasse. Então, ele ofereceu a Sansão a mão de sua filha menor.

Irado, Sansão caçou trinta raposas, amarrou-as em duplas pelas caudas, prendeu a cada par tochas acesas e as espalhou pelos campos e celeiros dos filisteus. Todas as provisões e plantações foram queimadas. A contenda estava instalada, e os filisteus partiram em busca de Sansão. Quando se encontraram, Sansão massacrou-os, impiedosamente, e fechou-se, depois, numa gruta, passando a morar ali.

Sansão continuava alvo do ódio dos filisteus, até que um grupo de hebreus, ameaçados de morte, foram encontrá-lo na gruta onde vivia. Sob promessa de não o matarem, Sansão deixou-se amarrar fortemente e acompanhou-os à cidade para ser entregue aos filisteus. À sua chegada, a multidão afluiu.

O espírito do Senhor invadiu Sansão, e as cordas que lhe amarravam os braços ficaram como um fio de linho queimado, e os laços que prendiam suas mãos se soltaram.

Sansão, liberto, massacrou mil homens com uma queixada. Depois disso, foi feito juiz, em Israel, durante vinte anos, os quais passou em grande atividade, buscando com intenso desejo o sonho de ajudar seu povo a viver com justiça.

No tempo em que foi juiz dos hebreus, Sansão se apaixonou por uma bela moça, inteligente e encantadora, e se casou com ela. Seu nome era Dalila. Mal sabia Sansão que a moça estabelecera um pacto com os príncipes filisteus, para que ela lhes contasse de onde vinha a sua força. Eles desejavam assassiná-lo. Dalila o importunava, constantemente, com a pergunta, mas Sansão se recusava a responder. Até que uma noite, cobrindo-o de carícias, ela conseguiu a seguinte revelação do marido:

— A navalha nunca passou pela minha cabeça, pois eu sou consagrado a Deus desde o seio de minha mãe. Se cortarem o meu cabelo, eu perderei minha força. Ficarei fraco e serei como qualquer homem.

Mal Sansão adormeceu em seu colo, Dalila chamou um homem, que cortou as sete tranças do longo cabelo do marido. Foi acordado por homens que o acorrentavam, mas não tinha mais força para arrebentar as correntes. Os filisteus rejubilavam-se, fizeram grandes festejos, cuja diversão era o agora enfraquecido Sansão. Fizeram-no dançar, rodopiar e, por fim, mandaram-no ficar entre duas colunas do templo. Sansão pediu-lhes que as deixasse tocar e, invocando o espírito do Senhor, que o havia abandonado, gritou:

— Que eu morra junto com os filisteus!

Então, sentindo que seu Deus estava com ele, nosso herói empurrou as colunas com tal fúria que o templo veio abaixo. Assim morreu Sansão, este ser privilegiado, o verdadeiro canal para que o poder divino se manifestasse, concedendo, por meio dele, que o povo de Israel ganhasse terreno no seu sonho de liberdade.

Capítulo 4

Sonhos de vida

Além dos sete mares

Sherazade já distraía o sultão com seus contos havia 356 noites, e contou-lhe então mais este:

No leito de morte, o sábio rei de Bani-Israel consolava seu filho Belukia:

— Não quero que lastimes a minha morte. Chegou a minha vez, todos aqueles que nascem, morrem. Quero te pedir uma coisa: quando eu me for e tu te tornares rei de Bani-Israel, vai, sozinho, verificar meticulosamente todas as coisas deste palácio; não deixes nada, nada, de lado. Talvez, num mínimo objeto, encontres a felicidade.

Terminadas estas palavras, o rei morreu.

Belukia, obediente ao pai, mandou que cerrassem todas as portas e as janelas do palácio. Percorreu todos os cômodos, vasculhando gavetas, cofres, baús, armários, enfim, todos os objetos do falecido pai, inclusive jóias, cartas, até que, por fim, achou um pequeno cofre de ébano que continha outro cofre, menor ainda, de ouro, e, dentro deste, achou um rolo de pergaminho. Abriu-o e leu o que estava escrito:

Àquele que desejar transformar-se em senhor e soberano dos homens, dos gênios, dos pássaros e dos animais, bastará achar o anel que o profeta Salomão tem no dedo. É o anel mágico que Adão, pai dos homens, trazia no dedo quan-

do habitava o paraíso terrestre e que lhe foi tirado quando expulso. Um anjo o deu mais tarde de presente a Salomão. O jazigo do rei Salomão está na ilha que fica além dos Sete Mares.

Ao ler aquelas palavras, Belukia se propôs a buscar o tal anel. Planejava construir um grande navio, sólido e capaz de agüentar a viagem. Pensou em abarrotar a embarcação com água e alimentos, e convocar bons tripulantes armados para vencer obstáculos que pudessem aparecer no decorrer da viagem.

Já se preparava para dar as ordens quando achou por bem ler, novamente, o pergaminho. Qual não foi sua surpresa ao ler:

Não há navio, nem galera, nem barco de espécie alguma que possa atravessar os Sete Mares.

Decepcionado, Belukia invejou os pássaros, que podiam ir até onde quisessem voando. Ponderou que, talvez, se consultasse os magos, eles poderiam, através de algum encantamento, levá-lo até lá. Mas logo descartou a idéia. Aventou, ainda, a possibilidade de ir a nado, refutando, logo a seguir, a tolice. Não seria capaz de nadar por tanto tempo, quiçá sete anos, seu fôlego e seu corpo não agüentariam.

Voltou ao pergaminho, onde estava escrito:

Atravessar os Sete Mares, só conseguirá quem encontrar o vegetal com cujo suco basta esfregar os pés para caminhar sobre a superfície do mar...

Belukia prostrou-se em desânimo. Como andar tantas léguas e léguas por cima do mar? Parecia que o sonho terminara, antes mesmo de começar. Tomou o pergaminho e jogou-o longe, incrédulo. E pensava: andar a pé sobre sete mares, viagem nunca antes realizada por navios, é impossível. Veio-lhe o pensamento de que se tratava de alguma brincadeira de mau gosto. Como achar o anel de alguém que estava morto havia séculos, num lugar que ninguém conhecia? Parecia a proposta de uma aventura exótica para pessoas extravagantes. E resolveu esquecer-se daquele assunto.

Passava seus dias governando o reino e atendendo às demandas dos súditos, como qualquer monarca. Mas aquela história não lhe abandonava o pensamento. Voltou a procurar o pergaminho e continuou a leitura:

... que existe no reino subterrâneo da rainha Yamilka. Somente a rainha conhece o lugar onde a planta cresce. Ela conhece a linguagem de todas as plantas e das flores e não ignora nenhuma das suas virtudes. Que aquele que queira achar tal anel vá, antes de tudo, ao reino subterrâneo da rainha Yamilka. E, se for bastante feliz para alcançar e arrebatar o anel, poderá não apenas dominar todos os seres criados, mas penetrar, também, o País das Trevas para beber da Fonte da Vida, que dá beleza, ciência, sabedoria, imortalidade e conserva a juventude.

O que o pergaminho prometia era o que todos os homens sempre desejaram.

Terminada a leitura, convocou todos os sábios do reino, bem como sacerdotes, ministros e magos. Acorreram ao chamado do rei, oferecendo seus préstimos. Belukia então perguntou quem, entre todos eles, saberia dizer-lhe o trajeto que o levaria ao misterioso reino subterrâneo da rainha Yamilka. Os homens pensaram, pensaram e chegaram à conclusão de que apenas uma pessoa, conhecedora de todas as magias, mistérios, astros e estrelas, substâncias ocultas do mundo inteiro poderia auxiliá-lo: o sábio Ofan.

Ordenou ao vizir que o substituísse no trono; fez com que o sábio Ofan comparecesse à sua presença e, então, partiram para o reino de Yamilka. Mas, antes disso, despiu-se do manto real, trocando-o por vestes simples de peregrino, e calçou sandálias de pobre. Assim, também, fez Ofan e ambos se dirigiram ao deserto.

Lá chegando, Ofan realizou um ritual aos deuses e obteve a resposta. Em um segundo, a terra se abriu e Belukia e Ofan desceram ao reino de Yamilka. Ao verem a rainha, disseram-lhe quem eram e ela se prontificou a atendê-los. Perguntou-lhes o que queriam, o que existia em seu reino que tanto lhes interessava. Ofan tomou a dianteira e pôs-se a contar a Yamilka que necessitavam da planta que lhes permitiria andar sobre os mares.

Pedindo-lhes que a acompanhassem, a rainha os conduziu ao topo de uma montanha. Qual não foi o espanto dos dois ao descobrirem que as flores puseram-se a falar em diversos idiomas, inclusive cantados. Algumas flores ainda murmuravam quando a brisa passava por elas. Em meio a todas essas vozes, sobressaía-se uma, em tom mais grave, que segredava:

— Eu sou a planta maravilhosa que dá o poder de palmilhar as águas de todos os mares criados por Alá, o Muito Alto, como se terra fosse.

Ao ouvir o que a florzinha murmurava, Ofan imediatamente iniciou a colher vários e vários galhos daquele arbusto, triturou os brotos e as folhas para retirar-lhes o sumo, e colocou-o, cuidadosamente, dentro de uma grande jarra que Yamilka lhe dera.

Yamilka demonstrou curiosidade em saber para que usariam a poção. Ofan dispôs-se a explicar e a rainha ouviu e afirmou:

— Grande sábio Ofan, estranha-me saber que tu, apesar de todos os teus sábios conhecimentos, desconheces que, a ninguém, a não ser ao rei Salomão, foi dado o direito de ter este anel, por mais que se faça! Ouve-me, ó rei, ó Ofan! Para teu próprio bem, esqueces esta aventura. Há, neste lugar, plantas que podem dar a quem as come a eterna juventude. Toma delas e come!

Mas Belukia e Ofan, despedindo-se de Yamilka, puseram-se a caminho do mar. Lá chegando, sentaram-se na areia e logo friccionaram, com força, o sumo mágico nos pés e nos tornozelos. Dirigiram-se ao mar e, cautelosamente, pisaram nas águas. Que maravilha! Não é que andavam mesmo sobre as águas como se anda em terreno sólido? Excitados, começaram a apressar os passos até que corriam por sobre as águas. Depois de três dias e três noites, alcançaram uma ilha tão esplêndida que pensaram ter chegado ao paraíso.

Olharam para o chão e perceberam que pisavam em açafrão dourado. Os caminhos brilhavam com pedras de jade, safira, ônix, esmeraldas e rubis, iluminadas pelo sol. Havia, na ilha grande, quantidade de flores coloridas, gazelas passeando entre elas, pássaros cantando harmoniosamente. Ficaram encantados! Quando chegou a noite, combinaram dormir em cima de uma árvore e assim o fizeram. Mal conciliaram o sono, quando foram despertados, abruptamente, por uma legião de monstros marinhos de escamas brilhantes, que desfilavam pela ilha, iluminando-a como se fosse a luz do dia. Trêmulos e amedrontados, Ofan e Belukia puseram-se, novamente, a correr sobre as águas, assim que começou a amanhecer. Alcançaram, então, o segundo mar.

Prosseguiram por longo tempo a viagem até que enxergaram uma cordilheira lá ao longe e, entre ela e o mar, avistaram um vale pacífico, sem animais selvagens. Caminharam aliviados pelo vale, enchendo os olhos com as belezas que se apresentavam quando, voltando a cabeça para trás, viram, apavorados, um tigre imenso pronto a dar-lhes o bote. Mais que depressa correram até o terceiro mar.

Era noite escura e ondas fabulosas se formavam sob um vendaval assustador. Com muita dificuldade, continuaram a travessia, que durou até a madrugada quando, exaustos e sem forças, depararam com uma ilha. Caíram, quase mortos, na areia e, num instante, adormeceram. Na manhã seguinte, avistaram árvores cheias de frutos, que cobriam toda a ilha. E, surpresa, eram frutas em compota, esperando o momento de serem, gulosamente, comidas. Belukia, glutão, devorou por vários dias aquelas guloseimas, até fartar-se. Os dias foram passando, os frutos, rapidamente, amadureciam e eram, vorazmente, comidos pelos dois. De repente, notaram que, das árvores, nasciam bolos. Belukia e Ofan se abarrotavam com aquelas delícias, lembrando o tempo de privação passado sob a tempestade marítima.

— Eu vou é ficar por aqui mesmo. Para sempre. Não quero outra vida — disse Belukia.

Ofan lembrou-o de que ainda não haviam terminado a viagem em busca da eterna juventude. Mas, como o rei se mostrasse satisfeito com o que já obtivera, o sábio nada fez.

E continuaram por lá até que um dia o excesso de comida provocou-lhes tamanha indigestão, que ambos recomeçaram a esfregar, novamente, o sumo mágico nos pés e adentraram o quarto mar.

Nesse mar descobriram uma ilha franzina, que consistia praticamente em apenas uma larga faixa de areia. E, pior ainda, era povoada por cobras que rastejavam por toda a área, enrolando-se nas plantas e repousando nas pedras em busca de calor. Era a ilha das serpentes. Tal visão tenebrosa fez com que Ofan, rapidamente, abrisse a jarra, e os dois começaram a passar freneticamente o sumo nos pés, correndo em direção ao quinto mar.

Até chegar ao quinto mar, tinham caminhado quatro dias e quatro noites. Neste, demoraram apenas um dia e logo avistaram uma ilhota rodeada por montanhas de cristal puro. Nesse lugar, chamado Ilha do Sol, havia imensas árvores cobertas de flores de ouro. Na verdade, a ilha se formara de um pedaço do Sol que lá caíra. O brilho era tanto que quase os cegou. Como não encontraram nenhuma espécie de alimento, partiram para o sexto mar.

Por sorte, esse mar era calmo; os peixes, pequeninos, não ofereciam perigo. Viajaram por muito tempo famintos, pois não acharam algas ou qualquer outra espécie de planta marítima com as quais pudessem aplacar a fome. Enfim, avistaram outra ilha e foram em sua direção, mas qual não foi o susto quando perceberam que naquela ilha havia árvores macabras, cujos frutos eram cabeças humanas, cortadas, penduradas aos galhos pelos cabelos desgrenhados.

As feições que apresentavam eram diversas: umas sorriam, outras choravam, outras faziam caretas medonhas. Ao caírem, transformavam-se em bolas de fogo. O chão da ilha estava coberto por camadas e camadas delas, deixando a ilha iluminada. O rei e o sábio se apressaram em escapar desse horror quando avistaram, à noite, doze filhas do mar emergindo à tona. Eram de uma beleza nunca então vista e enfeitavam-se com corais e pérolas, dançando e cantando suavemente sob a luz do luar. Apesar da beleza, Belukia e Ofan se amedrontaram e seguiram rumo ao sétimo mar, e por lá ficaram dois meses, alimentando-se de peixes crus que, às vezes, apanhavam.

Chegaram afinal à Ilha dos Sete Mares! Encantadora, mágica, de um esplendor sem igual.

Havia alimentos pela ilha e, depois de se alimentarem um pouco, aventuraram-se pelo interior do território por um dia e uma noite. De repente, avistaram uma montanha feita de âmbar-amarelo. Chegando perto dela, perceberam que havia uma gruta jamais imaginada e, na abóbada e nas paredes, havia milhares de diamantes, cujo brilho quase ofuscou-lhes a visão. Atravessaram a gruta; no fundo, havia uma escavação que parecia um salão de diamantes. Olhando, maravilhados, depararam-se com um esquife todo feito em ouro maciço. Lá, jazia Salomão. Puderam reconhecê-lo pelas vestes, majestosas: um manto verde enfeitado com toda espécie de pedras preciosas e, no dedo, o anel!

A cena era tão majestosa que os companheiros ficaram petrificados. Não ousavam incomodar o descanso do rei. Belukia, intimidado, pensou em abandonar o local, ao que Ofan interpôs:

— Atravessamos sete mares, corremos risco de morte, enfrentamos perigos inimagináveis, quase fomos engolidos por feras e monstros, tiritamos de frio, quase o mar nos engolfa e, chegando aonde chegamos, ao fim da jornada, só Alá sabe como, você quer desistir? Não! Vamos agora até o fim!

Ofan pôs-se a dizer palavras mágicas enquanto Belukia se aproximava para apanhar o anel do dedo do rei Salomão. No entusiasmo, Ofan disse palavras erradas e o pobre Belukia viu-se atirado longe. Estupefato, começou a correr daquele lugar, seguido por Ofan. Chegados à praia, perceberam que a jarra com a poção mágica havia se perdido para sempre e eles viram-se, então, obrigados a permanecer na sétima ilha até o fim dos seus dias.

Que triste fim! O sonho da imortalidade, da eterna juventude, do viver uma vida de prazeres para sempre seria, então, um sonho impossível? Estariam Belukia e Ofan obrigados a confinar-se no meio do nada até que a morte viesse levá-los?

Enquanto assim lamentavam, algo ocorria na ilha. Espreitavam os dois náufragos os espíritos do ar, do mar, da terra, dos bosques, das águas e dos desertos que vigiavam a gruta de Salomão. Mediam seus passos, analisavam cada gesto daqueles dois seres invasores, em busca de alguma pista que lhes tivesse possibilitado a chegada. Não eram alados, não tinham características outras que não as humanas. Um desses seres guardadores do rei Salomão achegou-se a Belukia, a quem não era possível assustar-se mais do que já estava.

Já bem perto de Belukia, o espírito perguntou:

— Onde estão seus navios? Como puderam atravessar os Sete Mares sem embarcação? Vocês, pobres mortais?

O rei, então, contou-lhe toda a história. O gênio, maravilhado ao ouvir tamanha aventura, levou Belukia e Ofan de volta à sua terra. Partiram sem a poção da juventude perene e sem a fórmula da felicidade, mas com um grande conhecimento sobre a vida.

A igreja de pedra

Era uma vez uma mulher que tinha um sonho. Era um sonho difícil de ser realizado, pois a pobre senhora queria ser imortal. Todos os dias, elevava seu pensamento a Deus e rogava, piamente, ao Senhor que lhe concedesse a vida eterna. E, assim, passava seus dias e suas noites. Numa delas, quando se encontrava quase a adormecer, viu seu quarto iluminar-se com um clarão que logo se abrandou. Dessa claridade, saiu um anjo resplandecente veio até ela, dizendo-lhe que o Senhor ouvira suas tão fervorosas preces.

Olhando-a com benevolência, disse-lhe:

— Apesar de seres tão rica e de não repartires nenhum centavo das tuas posses com teus amigos e parentes, Deus concedeu-te o dom que tanto te esforças por conseguir. Terás vida quase eterna; no entanto, o Senhor ordena-te que mandes construir uma igreja de pedra. Enquanto essa igreja durar, viverás também. Mas reflete bem, mulher, no que irás fazer — advertiu.

Dito isso, o anjo partiu. A mulher, semi-adormecida, não sabia ao certo se a presença e as palavras do anjo foram reais, ou se ela havia sonhado ou, quem sabe, delirado em suas preces. Matutou, matutou e chegou à conclusão de que o sonho fora tão verdadeiro que, se não estivesse acordada quando o anjo lhe falava, suas palavras teriam sido uma revelação divina.

Mal amanheceu e a mulher pôs-se a fazer o que o anjo lhe ordenara. Sua família e vizinhos, perplexos, assistiam à correria febril daquela senhora. Em pouco tempo, todo o povoado já estava inteirado de que ela punha-se a comprar sacos e sacos de cimento, caminhões repletos de pedras, mourões, enfim, todo o material necessário para a construção da igreja.

Chamou os melhores construtores, mestres-de-obras e pedreiros das redondezas para a edificação da igreja.

Começaram as obras e a mulher não arredava o pé do local da construção, apressando o quanto podia as pessoas que nela trabalhavam. Acompanhou cada buraco que cavavam, cada estaca que fincavam, cada pedra que colocavam. Os operários tinham-na por desvairada, pois ela freqüentemente se intrometia nas obras pedindo-lhes urgência, alegando que daquela igreja dependia sua vida. Mas como ela os remunerava muito bem, alimentava-os e lhes dava de beber para que de lá não arredassem o pé, e a igreja ficasse pronta o mais rápido possível, os homens continuavam a obra febrilmente.

Passados alguns anos, a igreja ficou pronta. A mulher, então, pôs-se a cantar, a dançar, a festejar. As pessoas do povoado a tudo assistiam pensando consigo que a mulher enlouquecera de vez.

E assim a vida do povoado tomou seu curso de sempre. Os habitantes acharam por bem pensar que o que a mulher fizera devia ser fruto de alguma promessa.

— Cada qual gasta seu dinheiro como bem lhe entender — concluíram.

Os dias foram passando, os meses, os anos até que a mulher completou cem anos de vida. Sua família morria, primeiro os filhos, depois as filhas. Passados mais alguns tantos anos, morreram-lhe os netos; depois, os bisnetos. Até que todos os seus descendentes se foram, assim como seus amigos e conhecidos. E ela permanecia viva, para espanto do povoado.

Já havia quem a temesse, dada a sua longevidade anormal. E a mulher permanecia viva, sozinha em sua imensa casa, sem amigos, sem parentes. Os dias pareciam não ter mais fim. Até seus criados, gerações deles, haviam morrido.

Conta-se que ela passou a ficar sentada numa poltrona na varanda, perguntando ao povo que passava, num fio de voz, se a igreja permanecia em pé.

— Mais firme do que nunca — respondiam-lhe.

— Nunca se viu, nestes arredores, uma edificação tão maciça, construída com tanto esmero — dizia um.

— A igreja foi feita para durar uma eternidade, minha senhora. Continua perfeita, sem dar mostras de ruir — dizia outro.

A pobre mulher, lamentando-se, acabou se mudando para dentro da igreja e, até hoje, pede a Deus que ela caia, rezando dia e noite.

O rei e o ancião

No distante reino da Hungria, passeava o rei Lörincz pelas colinas de suas terras, observando a vida dos súditos. Estava assim a vagar e, de repente, surpreendeu-se com uma cena. Estava diante de um pomar, um velhinho a semear, cavando com sua enxada, incansavelmente.

O rei parou, observando o esforço do ancião, e perguntou-lhe, curioso, se não achava que já tinha trabalhado o bastante em sua longa vida, que não era mais jovem. Será que não era o momento de, agora, descansar?

O velho concordou com o rei que já trabalhara muito, desde a infância, e o fazia porque gostava. Obtinha grande prazer com o trabalho e quisera Deus vivesse mais alguns anos para poder continuar. O rei Lörincz indagou sua idade; o velho, sorrindo, disse-lhe que tinha exatamente cem anos e que se sentia muito forte ainda.

— Mas será que você ainda vai viver o bastante para ver essas sementinhas germinarem? — perguntou. — E, ainda, vê-las transformarem-se em árvores e comer dos seus frutos?

Ao que o velho, animado, falou que sim, pois era saudável. Mas, caso não vivesse por mais tempo, era para ele uma alegria pensar que seus filhos e netos desfrutariam do seu trabalho, e assim estava feliz plantando a felicidade das futuras gerações.

O rei admirou o velhinho e, continuando seu passeio, pediu-lhe que, se por acaso vivesse tanto que conseguisse colher os frutos das árvores que nasceriam a partir daquelas sementes, fosse ao palácio levar-lhe um cesto cheio deles.

Passaram-se os anos e as sementes brotaram e se transformaram em árvores frondosas. Brotaram flores, das quais as abelhas colhiam o mel, e logo depois os galhos pendiam com o peso das maçãs vermelhas que nasciam a gosto. Formou-se um pomar tão belo que os que por ele passavam paravam para admirá-lo.

Lembrando-se da promessa feita ao rei, o velho tomou um cesto, encheu-o com as mais suculentas maçãs e dirigiu-se ao palácio para entregá-las ao rei. Contava, então, mais de 105 anos.

Chegando às portas do palácio, com suas vestes surradas de camponês e seus passos cambaleantes, dada a idade, foi barrado por um dos guardas, que perguntou-lhe o que fazia, tão cansado, com aquele cesto pesado sobre a cabeça.

Relatou-lhe o velho que ali estava a pedido do rei e contou ao guarda toda a história. Rapidamente o guarda ordenou que avisassem o rei sobre aquela visita. Concedida a permissão para que entrasse, lá se foi o velhinho com seus passinhos incertos encontrar o rei. Fez-lhe mesuras e reverências, e interpelou Sua Majestade se se recordava dele, que havia cinco anos plantava sementes de maçã.

O rei abriu um largo e bondoso sorriso ao recordar-se daquele dia em que vira um ancião trabalhando como um jovem. O velho percebeu a surpresa de Lörincz e, oferecendo-lhe o presente, falou:

— Sou eu mesmo, ó rei, que vistes a lavrar as terras e vos espantastes com a minha idade. Vossa Majestade espantou-se e pediu-me que, se eu vivesse o bastante para ver crescer as macieiras e delas colhesse as maçãs, viesse até o seu palácio entregar-lhe um bom punhado delas. Então, senhor rei, aceite como presente as primeiras maçãs que delas colhi.

Descendo do trono, o rei Lörincz caminhou até o velho, tomou-o pelo braço e conduziu-o devagar a um banco feito de ouro. A seguir, ordenou que seus serviçais retirassem do cesto as maçãs e as depusessem sobre uma vasilha de cristal. Chamou o tesoureiro e mandou-lhe encher o cesto do velho com ouro. O velhinho permanecia no banco, quietinho.

Os nobres da corte que presenciaram aquela cena surpreenderam-se com a atitude do rei de, pessoalmente, conduzir o ancião até o banco de ouro, ajudá-lo a sentar-se, delicadamente, e com tanto respeito. Percebendo o olhar de semi-indignação que eles lhe lançavam, o rei, mirando-os seriamente, falou:

— Percebo vossa admiração, melhor dizendo, indignação, ao me ver cuidar deste pobre ancião com tanta pompa. Contudo, nobres senhores cheios de vaidade, que vos sirva de lição que alguém tão trabalhador até os 105 anos é merecedor, mais que qualquer outro, da reverência e da admiração das personalidades mais importantes do mundo.

Então, os nobres baixaram a cabeça, abriram mão do seu orgulho e assistiram, novamente, ao rei tomar o ancião pelo braço e, acompanhando seus passos lentos e inseguros, descer as escadas do palácio e colocá-lo numa carruagem luxuosa, ordenando que o levassem de volta ao seu pequeno casebre.

As filhas do pescador

Numa aldeia longínqua, moravam um pobre pescador e suas três filhas. Todos os dias, ao romper da aurora, ele partia, munido de seus objetos de pescaria, para a beira do mar. O fruto da pescaria era vendido na aldeia, e com o dinheiro ele comprava pão e azeitonas para as refeições das filhas. Se a pescaria fosse boa, levava alguns peixes para casa, preparava-os e comia com suas filhas.

Acontece que numa daquelas manhãs, o pescador apanhou apenas um pequeno peixinho dourado, que lhe suplicou:

— Pescador, deixe-me ir. Sou pequeno demais para vender ou servir de refeição. Prometa-me que, daqui a um ano e um dia, você trará para mim sua filha mais velha para nos casarmos. Enquanto isso, farei com que você encha seus barcos todos os dias com milhares de peixes.

Como realmente o peixinho era muito pequeno, o pescador devolveu-o ao mar. Quanto às promessas, talvez tivesse sonhado. Jogou novamente a rede e mal pôde erguê-la, tantos eram os peixes que continha. Apanhou-os, vendeu a maioria e ainda sobraram alguns para partilhar em refeições com as filhas.

No dia seguinte, teve a mesma sorte. E assim, sucessivamente, até que resolveu comprar um local no mercado e passou a ser comerciante de peixes. Começaram a surgir os fregueses, que também aumentavam. O pescador passou a fornecer peixes para toda a vizinhança e ficou rico. Como o dinheiro sobejava, comprou uma casa grande, roupas para ele e as filhas e andavam todos de carruagem pelas ruas da aldeiazinha. Já tinha auxiliares para a pescaria, aos quais pagava um bom salário, que atiravam a rede às águas sob seu comando. Quando se lembrava do peixinho dourado, procurava esquecê-lo, pensando nos seus negócios.

Uma noite, enquanto dormia, sonhou com o peixinho que lhe aparecia sorrindo e cobrando a dívida. Tentou esquecer-se do sonho e continuou sua vida. Mas eis que, numa outra noite, viu novamente o peixinho em seus sonhos. Já não era pequeno, tinha crescido, e levava o semblante sério e acusador. Mais uma vez, o pescador não lhe deu atenção, culpando o jantar excessivo pelo pesadelo que tivera. Da última vez que o peixe apareceu, mostrava-se zangado e raivoso e sumiu num instante.

Impressionado, o pescador levantou-se e foi às pressas até a praia, para encontrar o peixe. Chamou-o por várias vezes, gritava explicações sobre o porquê não poderia casar-se com sua filha: ela era humana, e morreria se fosse levada ao fundo do mar. Como não ouviu resposta e muito menos apareceu-lhe o peixe, voltou para casa pensando no papelão que fizera por causa de um pesadelo.

Passados três dias, houve um maremoto terrível, com ondas gigantescas, que chegavam ao povoado. O povo, em pânico, pôs-se a fugir para as montanhas até que, passado pouco tempo, o mar foi se abrandando, as ondas tornaram-se menores e tudo voltou ao normal. Ninguém perecera no maremoto; no entanto, a filha mais velha do pescador sumira.

Não só a filha, mas tudo o que o pescador havia conseguido com as pescarias. O pobre homem teve de se desfazer de sua casa, seus pertences e seus barcos. Desistiu para sempre de ser pescador. Mas, como precisava ganhar a vida, foi até a floresta, apanhou pequenos galhos de árvore e fez uma arapuca para caçar passarinhos. Tecia gaiolas, punha dentro os pássaros que conseguia pegar e vendia-os na aldeiazinha. Mas não obtinha o suficiente para o sustento da família, que passava fome e emagrecia a olhos vistos.

Numa dessas manhãs, caiu na arapuca um passarinho do brejo, pequenino, colorido. Esperando ouvir seu canto, qual não foi a surpresa do homem ao ouvir o passarinho falar:

— Solte-me, caçador, e dê-me sua filha do meio. Se você assim o fizer, terá muita sorte em suas caçadas; cairão passarinhos e mais passarinhos em suas armadilhas, e você ficará rico.

O homem lembrou-se da riqueza conquistada com as promessas anteriores do peixinho e aceitou a proposta do passarinho.

E o mesmo aconteceu. A partir de então, as caçadas foram um sucesso. Enchia gaiolas e gaiolas com belos pássaros e os vendia, ficando cheio de dinheiro. Às vezes, a lembrança do que o peixe fizera à sua filha percorria seus pensamentos, mas ele racionalizava, argumentando consigo mesmo que o passarinho não estava no mar, logo não poderia fazer com que as ondas invadissem sua casa e roubassem-lhe a filha.

E o tempo passou, até que um dia sua filha do meio estava colhendo rosas no jardim e foi arrebatada pelo pássaro, que a levou para longe do pai. Ele estava, mais uma vez, arruinado.

O homem, em desespero, lamentou a perda da filha e das novas posses. Mas, como tinha de sobreviver, optou desta vez por caçar animais terrestres. Assim, arrumou uma espingarda e adentrou a floresta em busca de caça. Mas o pobre homem não sabia atirar e retornava à casa com seu cesto vazio. Com muito custo caçou um coelho branco, que lhe disse:

— Solte-me, caçador, e me dê sua filha mais nova. Assim você conseguirá caça até se fartar. Poderá vender a carne e as peles e ficará rico.

Mais uma vez o caçador assentiu, com os olhos brilhando. Parecia ver-se novamente milionário, e considerou que não haveria como um coelho roubar-lhe a filha.

E assim fez. Ocorre que, neste ano, sua mulher deu à luz um menino, que nasceu em meio à prosperidade que o caçador alcançava. Recuperou suas posses e estava satisfeito como nunca.

Passaram-se os anos até que, certo dia, surgiram coelhos brancos a perder de vista, saindo de buracos infinitos do chão. Em bandos, cercaram a casa do caçador e, levando tudo que lá havia, sumiram rapidamente para dentro da floresta.

O homem voltou à vida desgraçada de antes. Construiu uma cabana e lá ficou. Não lhe era mais possível pescar, caçar passarinhos ou animais terrestres. A situação piorava para o homem, cujo único alento era o filho. Trabalhava no que conseguia, capinando quintais alheios, transportando cargas, ferrando cavalos. Conseguia alimentar sua família, que vivia andrajosa e descalça. Até que o menino cresceu e foi para a escola. Lá ouviu a história de três moças raptadas pelo mar, pelos pássaros e pelos coelhos. Correu para casa para perguntar ao pai onde estariam. E aí soube de tudo. O menino propôs-se, então, a encontrar suas irmãs, mas o pai o proibiu. E ele se entristecia cada vez mais.

Quando o menino cresceu, o pai mandou-o procurá-las. O rapaz vagou, por vários dias e várias noites, pela floresta densa. Já quase desanimava, quando topou com um velho que pastoreava um rebanho de coelhos. O moço perguntou-lhe por que os coelhos não fugiam, ao que o velho respondeu que, quando algum tentava escapar, ele apitava, e o animal voltava. Perguntou-lhe se sabia onde estava sua irmã. Sim, ele sabia! Ela estava casada com um enorme leão, feroz e de garras afiadas, que vigiava a moça dia e noite. Ninguém era corajoso o bastante para atravessar o portão do palácio em que moravam.

Sabendo disso, lá se foi o irmão buscar a moça. Pôs-se em marcha e chegou ao palácio. A moça abriu-lhe a porta; porém, como não sabia que tinha um irmão, pôs-se a ouvir a história que ele lhe contou: nascera depois que ela fora raptada, assim como acontecera com suas outras irmãs, e tinha por missão resgatá-las.

A irmã choramingou que sentia saudades dos pais e que estava presa em cativeiro naquele palácio. Não saía e nunca via ninguém. E aconselhou o irmão que de lá fugisse porque seu marido era extremamente ciumento e se o visse por lá o mataria. O moço recusou-se a partir e permaneceu no palácio à espera do leão.

O sol já começava a se pôr quando o leão chegou, esbravejando e rugindo muito alto:

— Sinto cheiro de carne humana — disse à mulher.

Ao que ela, apavorada, respondeu que se tratava do cheiro de um carneiro que pusera para assar.

— Sinto o cheiro de carne humana — repetiu, com mais eloqüência.

A moça, intimidada, perguntou ao leão se, por acaso, um irmão seu aparecesse, vindo de longe, para visitá-la, se ele o mataria. O leão disse que jamais faria isso porque julgava sagrado o laço fraternal.

Ouvindo isso, o rapaz apareceu. O leão tratou-o como um príncipe, alimentando-o com iguarias e hospedando-o no melhor quarto do palácio. O irmão ponderou que tencionava levar sua irmã embora, pois não estava certo ser casada com um leão. Com um alto rugido, o leão respondeu:

— Eu sou gente; fui encantado. E a magia só será desfeita com a morte do feiticeiro, o ogro que me transformou nisto. Mas ele não morre, porque tem a vida fora do corpo e não se sabe onde a guardou. É segredo.

O rapaz, então, resolveu partir em busca da irmã do meio, e o leão, arrancando um punhado de pêlos da juba, ofereceu-o ao rapaz, dizendo para usá-lo como um talismã. Acrescentou que, quando precisasse dele, deveria segurar um pêlo e chamar: "Valha-me, rei dos animais", e ele surgiria na hora.

O rapaz pôs-se a caminho em busca da irmã que havia sido raptada pelos passarinhos. Andou léguas e, já exausto, deparou-se com a casa do rei dos pássaros. Chegou à porta e viu uma moça. Perguntou-lhe pelo rei. A moça declarou que ele não se encontrava, ao que o irmão a reconheceu. Abraçaram-se emocionados, até que a moça ouviu um ruído. Disse ao irmão:

— Depressa, depressa, esconda-se! Meu marido é muito bravo e é capaz de matá-lo!

Mal ela terminara de falar, ouviu-se o bater forte de asas, que percorriam a casa toda, velozmente, e:

— Sinto o cheiro de carne humana! — vociferou.

A moça tentou enganá-lo, dizendo que era um leitão que pusera para assar.

— Sinto o cheiro de carne humana! — esbravejou, mais alto.

A moça não teve outra saída a não ser contar-lhe a verdade: tratava-se do seu irmão mais novo que chegara, cansado, pedindo-lhe pouso. E perguntou ao marido se o trataria bem.

— Basta ser seu irmão para que eu o receba com todas as honras — retrucou o pássaro.

O rapaz veio até ele, contou-lhe sua aventura em busca da irmã, que não deveria passar a vida casada com um pássaro.

— Eu sou gente — disse o pássaro. — Fui encantado por um feiticeiro e só com sua morte retornarei à minha forma humana. E esse bruxo jamais morrerá, porque escondeu sua vida e está seguro. Ninguém pode matá-lo.

Então, o rapaz decidiu ir em busca da irmã primogênita, que havia sido levada pelo mar.

O pássaro arrancou um punhado de penas e entregou-o ao rapaz, dizendo que, se precisasse dele, bastaria tomar uma das penas na mão e chamar: "Valha-me, rei dos pássaros". E ele voaria em seu auxílio. Ouvindo tais palavras, o rapaz agradeceu, despediu-se e partiu.

Quando chegou à beira-mar, pôs-se nas pontas dos pés, respirou fundo e gritou:

— Apareça, rei dos peixes! Estou em busca de minha irmã, que é sua mulher!

Logo surgiram vários peixes e o levaram para o fundo do mar, onde havia um palácio de coral branco. Ao lado do rei, duas grandes baleias o guardavam. O rapaz percebeu que o rei estava entristecido, mas mesmo assim esclareceu que viera buscar sua irmã que, por ser humana, não deveria casar-se com um peixe.

— Eu sou gente — disse o peixe, humilhado.

E contou-lhe a mesma história, que havia sido enfeitiçado por um bruxo imortal. Mas, ao contrário dos demais, o peixe declarou que sabia onde o feiticeiro se escondia, porém não sabia onde havia guardado sua vida.

O rapaz propôs-se a encontrar o bruxo, que morava numa ilha distante, temido por todos os seres, desde os animais até as plantas.

O peixe arrancou um punhado de escamas e, como os demais, deu-o ao rapaz, aconselhando-o da mesma forma. Caso precisasse, que segurasse uma escama, chamasse por ele e, em instantes, seria socorrido.

A irmã, então, propôs a ambos ir sozinha, na frente, e eles ficariam aguardando no barco. Alegou que o bruxo não atacaria uma mulher sozinha.

E assim foi feito. A moça chegou ao palácio do feiticeiro disfarçada de mendiga, e lhe pediu emprego. Disse que sabia fazer de tudo, inclusive doces deliciosos. Ela havia aprendido magia durante todo o tempo que estivera morando no fundo do oceano; porém o bruxo sabia mais encantamentos que ela. Seria difícil vencê-lo, mas ela era esperta e inteligente. Ficou sabendo que o feiticeiro sofria de insônia. Pronto! Tinha a oportunidade que desejava. Mandou que lhe dissessem que ela tinha o remédio de que ele necessitava, e o bruxo, esperançoso, aceitou. A moça fez-lhe uma infusão com ervas e, enquanto ele bebia, contava-lhe histórias de sereias, gaivotas e náufragos. Sua voz calma e doce começou a causar sonolência no bruxo, que já quase adormecia.

— Sei de um remédio ainda mais eficaz — disse-lhe, com um meigo sorriso.

E deitou a cabeça do feiticeiro em seu colo e pôs-se a alisar sua cabeleira, carinhosamente, com as mãos. À medida que os olhos do ogro se fechavam, ela começou a perguntar-lhe sobre sua vida. E, afundando cada vez mais suas mãos na cabeleira daquela criatura, indagou-lhe porque não havia casado, pois seu reinado não teria um herdeiro quando ele morresse.

— Eu não vou morrer — disse-lhe, quase dormindo. — Minha vida está escondida, você nem adivinha onde — e pegou no sono.

A moça pôs-se a pensar e pensar. Quando, na manhã do outro dia, o feiticeiro acordou, ela lhe perguntou se escondera sua vida no mar. E fez tantas perguntas que acabou obtendo a resposta ao segredo: ele escondera sua vida ao redor daquela ilha, no mar.

A moça apressou-se em perguntar:

— E dentro da caixa há alguém que tome conta dela?

Ardiloso, o bruxo respondeu que dentro da caixa havia um tigre, dentro do tigre havia uma pomba, dentro da pomba havia um ovo e dentro do ovo havia uma vela acesa: se a vela se apagasse, ele morreria. E que ninguém jamais encontraria a caixa; se a encontrassem, havia o tigre; se o tigre morresse, a pomba fugiria e, mesmo que não fugisse, quem haveria de pensar em abri-la, tirar-lhe o ovo, abri-lo e achar a vela?

— Só nós dois sabemos disso, e amanhã vou mandar matá-la — disse o feiticeiro.

Quando a noite chegou, a moça esgueirou-se para fora do castelo e escapuliu. Encontrou-se com o marido e o irmão no barco, remaram durante toda a noite até chegarem a uma enseada. O rei dos peixes ordenou aos seus súditos que vasculhassem cada canto do fundo do mar e trouxessem todas as caixas de ferro trancadas que encontrassem. Os peixes trouxeram várias delas e foram chamados serralheiros para abri-las. De repente, de uma delas saltou um tigre que partiu em disparada para a floresta.

O irmão tomou um pêlo que o leão lhe dera e invocou:

— Valha-me, rei dos animais!

Em um instante surgiu o leão que, a mando do rapaz, ordenou que os animais perseguissem o tigre. Morto o tigre, abriram-no e, de dentro dele, voou uma pomba branca rumo ao céu.

O rapaz, tomando uma pena nas mãos, bradou:

— Valha-me, rei dos pássaros!

Surgiu o rei e o rapaz pediu-lhe que mandasse seu povo atrás da pomba. Milhares de aves alçaram vôo em busca da pomba e a trouxeram quase morta. De dentro da pomba, retiraram o ovo.

Nesse instante ficaram sabendo por um pombo-correio que o bruxo estava enfraquecendo a olhos vistos. A moça apanhou o ovo nas mãos e o ovo caiu no chão, surgindo a vela, que foi soprada pelo vento, e o bruxo morreu.

Então coisas estranhas aconteceram: os pêlos do rei leão caíram, as penas do rei pássaro desapareceram e sumiram as escamas do rei peixe. E surgiram três belos e fortes rapazes, que foram felizes para sempre junto com as três moças e seu irmão.

O mito das constelações

Juno, a rainha dos deuses e esposa de Júpiter, tinha numerosas rivais e era muito ciumenta e vingativa. Calisto era uma bela jovem que, por sua formosura, despertou ciúmes em Juno, pois seu marido a desejava.

Resolveu transformar Calisto numa ursa. A jovem, desesperada, ajoelhou-se em prantos diante de Juno, suplicando-lhe que tivesse piedade.

Mas a rainha, poderosa, estava firme em seus propósitos de vingança e, cega de ciúmes, não se comoveu com o sofrimento de Calisto. Lançou a maldição e a pobre jovem viu, na presença de Juno, crescerem pêlos eriçados, grossos e negros por todo o seu corpo. Primeiro suas mãos se tornaram peludas e grossas, depois seus braços, seu tronco e suas pernas. Sua figura foi se transfigurando; as mãos se curvaram até que se transformaram em patas com garras medonhas; sua boca, que era o deleite de Júpiter, deformou-se até virar um grosseiro focinho; sua voz doce, que tantas canções dirigira a Júpiter, agora era um rugido assustador que aterrorizava até os céus.

Mas Calisto não desistia e continuava a implorar a Juno, com as negras patas erguidas em súplica. Tentava manter-se o mais ereta que conseguia, mas Juno não a atendia. Já transformada em ursa, Calisto lamentava sua condição de ser agora um animal semelhante àqueles que temia. Fugiu para os bosques para se esconder e amargar sua sina. Ela, que antes caçava, era agora perseguida por caçadores. As feras dos bosques a atemorizavam, os latidos dos cães que acompanhavam os caçadores a apavoravam, pois ela não se lembrava de que agora era uma fera capaz de despedaçá-los com um golpe. Pobre Calisto, tanto temia ursos e agora era um deles.

Certo dia, um jovem caçador se embrenhara pela floresta e a viu. A ursa ia pôr-se em retirada quando reconheceu no jovem seu próprio filho, já adulto. Imediatamente desistiu da fuga e voltou-se para o rapaz, desejando dar-lhe um saudoso abraço. Ao ver que a ursa se aproximava, o rapaz tomou da lança, ergueu-a e estava prestes a atingi-la quando Júpiter, assistindo à cena, interrompeu o ato do filho e, afastando-os, assentou-os no céu, agora convertidos em duas constelações, a Ursa Maior e a Ursa Menor.

Sabendo o que Júpiter fizera, elevando sua rival ao céu, Juno foi tomada por imensa fúria e foi ao encontro de Tétis e Oceano, seus pais adotivos, os antigos deuses do mar. Contou-lhes o motivo da visita, que Júpiter colocara no céu, que era seu lugar, a rival e seu filho. Acrescentou que talvez não acreditassem em suas palavras, mas teriam a prova se, à noite, olhassem para o céu e vissem, no local onde havia um círculo menor, as duas constelações.

Juno temia que agora passasse a ser desrespeitada, pois quem mais se amedrontaria em ofendê-la, uma vez que Júpiter retribuía seus ofensores com glórias? E não se conformava de ter transformado Calisto numa ursa e Júpiter tê-la elevado ao céu. Seria melhor se Calisto mantivesse a forma humana. Pensava, ainda, que Júpiter pretendia abandoná-la de vez e casar-se com a outra. Queixava-se a Tétis e a Oceano, clamando por vingança, pedindo-lhes que ficassem do seu lado e que impedissem que Júpiter e a Ursa Maior pudessem entrar nos mares.

Os deuses do oceano deram-lhe apoio, e a partir de então as duas constelações, a Ursa Maior e a Ursa Menor, movimentam-se girando no céu, mas nunca descem por trás do oceano como as demais estrelas.

A vida é um sonho

Brunilda, a jovem rainha da Polônia, dera à luz seu primeiro filho e sofrera muito. As empregadas logo tomaram a criança nos braços e puseram-se a banhá-la. Vestiram o menino, nobremente, enquanto a rainha, desmaiando pelo cansaço, só teve tempo de vislumbrar o principezinho. Sorriu docemente e expirou.

O rei Basílio era justo e bom para seu povo, a quem amava.

A noite se apresentava bela, havia lua cheia e o céu estava polvilhado de estrelas. O rei galgou a torre mais alta do seu palácio e, desolado, imaginou como prosseguiria sua vida, com o filho havia pouco nascido e sem a companhia da rainha.

O pobre rei passava por uma imensa angústia; consultando as estrelas através de um ritual, obteve uma notícia funesta. Os astros previam que seu filho seria mau, causador de muitos infortúnios, e de tamanha crueldade que quando crescesse destronaria Basílio.

— Pobre Brunilda, agradeço a Deus ter te levado, antes de teres ciência das amarguras do destino!

O rei fez vir até ele seu fiel servidor, Clotaldo, e desafogou suas mágoas, lamentando que seu filho, o único herdeiro, jamais poderia governar.

Clotaldo perguntou ao rei o porquê daquelas palavras, temendo que a morte da rainha o tivesse deixado confuso. Ao que Basílio respondeu que as estrelas assim o haviam previsto.

O rei estava abatido, mas era seu dever fazer alguma coisa. Resolveu, então, construir uma torre gigantesca, de textura lisa, sem escadarias. Pronta a torre, nela encerrou o principezinho, trancando-o com sete cadeados. Desta forma, o menino cresceu, segundo as leis naturais, sem ver outras pessoas além de Clotaldo. Era por ele alimentado e banhado; Clotaldo também limpava o local. A torre instalava-se a léguas do palácio, cercada por uma floresta cerrada e abandonada.

O tempo foi passando e o menino cresceu, tornando-se forte e musculoso, com cabelos e barba longos à semelhança de um homem primitivo. Não se expressava bem, a escrita lhe era desconhecida, comia como um animal e não sabia lidar com seu criado. Porém, era alegre e brincalhão, tinha sobre o corpo uma pele de animal e não se calçava. Nada sabia sobre a vida fora da torre.

Um certo dia, a filha de Clotaldo e seu servo planejaram fazer uma viagem e, no meio da noite, encontraram-se na floresta. Assustados, começaram a buscar abrigo e depararam com uma imensa torre. Bateram à porta e ficaram pasmos ao serem atendidos por Clotaldo! E quase desmaiaram quando viram por uma fresta na porta um ser horrendo dançando e saltitando.

Depressa Clotaldo levou a má notícia ao rei: haviam descoberto o seu segredo. E como quem conta um conto acrescenta um ponto, em breve todo o reino saberia do selvagem aprisionado na torre da floresta. Os camponeses eram espertos e acabariam por seguir Clotaldo e desvendar o mistério. Aliás, já fazia um tempo que questionavam o que ocorrera ao filho do rei, logo após a morte da rainha.

Diante de tal situação, o rei resolveu testar a revelação das estrelas. Pediu a Clotaldo que desse ao rapaz um sonífero e, assim que dormisse, o transportasse ao palácio real. Quando o rapaz, que se chamava Segismundo, acordou, olhou em volta e espantou-se com o luxo que o rodeava. Veludos, sedas, lustres de cristal eram coisas que jamais sonhara existir. Viu, então, pessoas à sua volta. Eram os criados que lhe faziam reverências, vestidos de modo estranho.

Aparvalhado, Segismundo viu-se nos espelhos do salão; vestia belas roupas bordadas em brocado e seda. Achou ser brincadeira. De repente, Clotaldo entrou no salão trajando roupas semelhantes às da criadagem.

Segismundo, aos gritos, pediu-lhe explicações sobre a situação. Acusava-o de participar daquela execrável peça que lhe estavam pregando, ameaçando de morte todos que lá estavam.

Segismundo, furioso, sacou da espada e já estava prestes a desferir golpes mortais nos nobres assustados, quando o rei entrou no salão. Já estava velho, tinha barbas longas e brancas, mas continuava majestoso.

— Tu és meu filho, eu te expulsei e agora estás de volta. Mas posso perceber tuas maneiras vulgares e sei que és o que as estrelas me contaram, infelizmente. Cumpriu-se o vaticínio de que serias criminoso, bruto e mau. Eu te trouxe até aqui porque, por um momento, duvidei dos astros, mas eles não se enganaram. Assim, serás levado de volta à torre. Se lembrares de hoje, pensa que foi um sonho.

Segismundo, cabisbaixo, saiu em silêncio e caiu em lágrimas.

Ao anoitecer, Clotaldo deu-lhe novamente um sonífero e, sob as ordens do rei, levou-o de volta à torre.

Segismundo acordou e viu que estava na torre. Clotaldo percebeu-o acabrunhado quando lhe levou o desjejum.

O jovem disse:

— Tive um estranho sonho esta noite: eu estava no palácio real e o rei, meu pai (se é que sou príncipe), me censurava. Tenho pensado muito nisso e me arrependo de ter me portado mal enquanto sonhava. Cheguei à conclusão de que a vida é um sonho e que é necessário agir bem, enquanto o sonho dura, senão a gente se arrepende ao despertar.

Clotaldo apressou-se em contar ao rei sobre o que Segismundo lhe expusera. O rei, caindo em si, mandou buscar de volta o filho, que demonstrara grande sabedoria.

Assim, o príncipe passou a morar no palácio real, dizendo ao seu pai:

— Não te culpo da situação, meu pai, porque tiveste boa intenção nos teus atos. Mas foste incapaz de tentar mudar o mau destino que as estrelas me apontaram, preferindo abandonar-me a educar-me com esmero, o que certamente teria mudado as minhas tendências perversas.

O mercador

Em certa aldeia havia um mercador que morava com suas três filhas. A primeira se chamava Clara; a segunda, Liz; e a terceira, Bela.

Como ia fazer uma longa viagem, à hora da partida perguntou-lhes:

— Que desejam que eu traga para vocês quando voltar da cidade grande?

— Quero o mais belo colar de pérolas que você puder encontrar — disse Clara.

— Quero o mais belo vestido de seda da cor do campo florido — pediu Liz.

A mais nova, Bela, calou-se, sorrindo.

— E você, minha filha?

Diante da insistência do pai, Bela respondeu:

— Então, meu pai, traga-me uma rosa.

— Volto dentro de três meses — disse o pai, e partiu.

Na volta, trazia consigo os presentes de Clara e Liz guardados nos seus alforjes, menos o de Bela. Ele se esquecera dela.

Quando se deu conta de que não trazia a rosa de Bela, pensou em voltar quando viu, diante de um casarão sombrio, um jardim bem cuidado, com rosas de todas as tonalidades e espécies. Apesar de ser inverno, dentro daquele jardim florescia a primavera. Acercando-se do lugar, não viu ninguém. A noite caía devagar, a solidão começou a atemorizar o mercador. Resolveu, então, empurrar o grande portão gradeado, que se escancarou num convite.

O mercador entrou cautelosamente e, pé ante pé, foi se acercando da porta e chamou pelo dono. Como ninguém aparecesse, o mercador colheu uma linda rosa e pôs-se a fugir, quando a Fera apareceu. A cada passo do monstro, a terra tremia. O monstro pôs-se a urrar e o agarrou:

— Eu vou te matar! — urrava a Fera. — Como ousas arrancar a minha rosa?

— É um pedido da minha filha! Ela me pediu uma rosa!

A Fera cedeu o aperto.

— Se dizes que é para tua filha, leva a rosa. Que ninguém diga que não tenho coração. Vai, leva a rosa, e me traze a tua filha, daqui a um ano.

O pobre comerciante cobriu o rosto com as mãos e gemeu.

— Se não vieres, irei te buscar. Traz a moça!

Ele mal podia se sustentar nas pernas quando chegou em casa.

O mercador presenteou as filhas, que se divertiam brincando com colares e vestidos, e Bela, com a rosa, percebeu que o pai não estava nada bem.

Correu até ele:

— Que aconteceu? Você está pálido!

O pai tentou esconder, mas resolveu contar.

Bela, alegremente, ponderou que ainda faltava um ano. E, chegado o tempo, ela o acompanharia, pois a Fera não os mataria.

Logo passou-se um ano e o mercador teve que entregar sua filha predileta e deixá-la na temida casa. Lá chegando, o portão se abriu para a moça entrar, e logo se fechou. A moça foi desaparecendo entre os canteiros em flor rumo à morada da Fera.

A família sofria com pensamentos terríveis, acreditando que Bela teria sido devorada pela Fera. E Bela, que também sofria, surpreendeu-se ao ver-se tratada como uma princesa ou um parente. Ela tinha uma legião de criados, e vestia-se luxuosamente.

Bela percebeu que morava num riquíssimo palácio e seus mínimos desejos eram atendidos. A Fera lhe dera um espelho mágico, onde ela assistia a tudo que se passava no seu antigo lar, que fora obrigada a deixar.

A Bela só via a Fera na hora das refeições, e a postura do monstro era tão gentil que ela passou a ver nele um amigo.

Passou a se preocupar quando a Fera se demorava fora. Bela sentia qualquer coisa que, se não fossem as circunstâncias, poderíamos chamar de saudade. A cada dia, Bela se aproximava mais daquele anfitrião.

Enquanto os dias se passavam, Bela refletia sobre o acontecido. Quando chegara ao castelo, a Fera parecera uma criatura tão assustadora. Agora, a cada dia, tornava-se, aos seus olhos, tão bonita... O olhar era meigo, os gestos, delicados...

Bela suspirava e ia olhar no espelho mágico como estavam o pai e as irmãs.

Certo dia, viu penalizada que o pai estava doente. Dirigiu-se à Fera e pediu-lhe que a deixasse ir visitar o querido pai.

— Tome o cavalo branco e vá, Bela, mas tem de voltar dentro de nove dias. Se você se demorar mais, eu morrerei. Leve o espelho para me ver de vez em quando.

Com a chegada de Bela, o pai ficou tão contente que sarou no mesmo instante. As irmãs lhe fizeram uma festa, convidaram os parentes, os vizinhos, todos riam e cantavam. Distraída com a família, passaram-se os nove dias, e Bela nem se lembrou de olhar o espelho mágico. No dia seguinte, o cavalo branco estava inquieto no curral. Bela então lembrou-se das palavras da Fera, que morreria caso ela não voltasse. Olhou pelo espelho para ver o que acontecia com a Fera e, para seu desespero, viu-a caída no jardim, parecendo agonizar.

Montou no cavalo e saiu a todo galope, em direção ao palácio onde a pobre Fera morria, tão feia e tão faminta de amor!

— Fera! Fera! — gritava-lhe, tentando reanimá-la.

A Fera gemia, já quase inconsciente.

— Não morra! Eu estou aqui, meu amor! — implorou, beijando-lhe a face.

A Fera foi recobrando os sentidos, olhou para cima e viu Bela, sua amada. Nesse mesmo instante, deu-se uma transformação: a Fera se converteu num belo príncipe. Bela, assustada, mas feliz com a mudança, abraçou seu amado. O príncipe contou-lhe que uma bruxa o havia enfeitiçado e que só voltaria ao normal quando recebesse um beijo de amor.

Assim, a Bela e a Fera se casaram e viveram longos anos de felicidade.

O mito de Selene

Selene, deusa grega da Lua, era filha dos titãs Hiperião e Téia. Eram seus irmãos Éos, deusa da aurora, e Hélio, deus do Sol.

Enquanto Éos abria, todas as manhãs, a porta dos céus para Hélio sair em sua carruagem, espargindo sua luz pelo dia, a formosa Selene, com seus alvos braços e asas, dirigia, à noite, sua biga prateada puxada por dois cavalos (às vezes, dois bois), cruzando o firmamento para iluminá-lo.

Quando Hélio morreu, Selene prostrou-se, desconsolada, entre as nuvens e as estrelas. Lá, recolhida, perdeu a vontade de percorrer a terra.

Nessa época, vivia em Cária o príncipe Endimião, jovem de beleza assombrosa que pastoreava as nuvens. Por seus encantos conquistava a tudo e a todos. Era tão feliz que desejava a vida e a juventude eternas. Para consegui-las, teria de obter as graças de Zeus.

Assim, percorria os palácios do poderoso senhor do Olimpo levando até ele o seu pedido. Zeus, porém, jamais concedera a nenhum mortal essa virtude. Mas Endimião, que era insistente, e não desistia da possibilidade de ter seu desejo realizado, perseguia Zeus por toda parte, implorando-lhe a eternidade.

Um dia, Zeus recebeu Endimião e perguntou-lhe o que lhe daria em troca da realização do pedido, ao que Endimião jurou que seria para sempre seu servo fiel. Como o príncipe era muito belo, Zeus pensou que poderia tornar-se seu rival, então se propôs a atendê-lo, mas antes tiraria qualquer traço de beleza do rapaz, encerrando assim sua vida amorosa.

Endimião não aceitou a troca; queria permanecer belo, jovem e másculo, senão de que lhe adiantaria a eternidade? Então o senhor do Olimpo recusou o pedido. Passou a não mais encontrar Endimião, sumindo entre os raios e os trovões, tornando assim dificultada a presença do rapaz. Mas Endimião não desistia, então Zeus se pôs a considerar uma maneira de livrar-se dele. Dirigiu-se ao príncipe, dizendo-lhe que concederia seu pedido. Faria com que o príncipe morasse no Olimpo belo, jovem e eterno. Porém, havia uma condição: passaria sua vida adormecido. Entusiasmado com a promessa, Endimião deixou Zeus em paz.

No dia seguinte, Endimião dormiu e nunca mais acordou. Os anos foram se passando. Selene, todas as noites, saía em sua biga clareando o céu, já refeita da morte do irmão. Passava em silêncio, iluminando as estrelas, vislumbrando as montanhas, os mares e as cidades na paz noturna.

Até que, numa noite, Selene avistou lá dos céus Endimião adormecido. Encantou-se com a beleza do rapaz e placidamente acercou-se dele. Apaixonou-se perdidamente.

A partir de então, Endimião, adormecido na encosta das montanhas, passou a receber todas as noites a visita de Selene, que, depois de enchê-lo de beijos e acariciá-lo, se unia a ele.

Dessa paixão febril nasceram inumeráveis filhas, todas elas dotadas de imensa formosura. São as estrelas do céu.

Uma lenda do Tibete

Conta a lenda que numa pequena aldeia do Tibete morava um homem conhecido por todos pela sua bondade, mansidão e humildade. Era amado por todos que o conheciam.

Num belo dia ensolarado, chegou àquela aldeia um lama, que diziam ter muita autoridade e poder. Sabendo da notícia, o homem dirigiu-se ao lama, pedindo para falar-lhe. O lama recebeu-o e o homem, ajoelhando-se aos seus pés, solicitou-lhe que o ensinasse a chegar à iluminação; queria ser compassivo e sábio e, com isso, seria capaz de auxiliar todos os seres através da prática dos ensinamentos de Buda.

O lama, placidamente, ouviu o pedido do homem, refletiu sobre a honestidade dos seus propósitos e resolveu atendê-lo.

Disse-lhe, em seguida, que procurasse uma montanha nos arredores e que lá vivesse a sua existência em meditação, entregando-lhe uma prece particular para usar em suas invocações. Afirmou-lhe que se seguisse o que lhe havia dito, com muita veneração, conseguiria atingir a iluminação e, assim, lhe seria possibilitado auxiliar a todos com sua grandeza e bondade.

Ouvindo aquelas sábias palavras, o homem logo seguiu para a montanha. Procurou uma gruta e se prostrou em meditação intensa. Passaram-se os anos e, apesar de continuar seguindo as práticas que o lama lhe recomendara, a iluminação não chegava.

Vinte anos depois, eis que volta novamente à aldeiazinha o poderoso lama. Assim que o homem teve a notícia da sua chegada, foi-lhe ao encontro, mas havia muitas pessoas aguardando para conversar com ele. O homem esperou dias e dias até ser atendido. Em presença do lama, prestou-lhe reverência, presenteou-o e passou a relatar-lhe o que ocorrera.

— Mestre, tenho estado dia e noite em meditação na gruta da montanha há vinte anos, como me foi aconselhado, mas não encontrei a iluminação. Penso estar cometendo algum engano. Será que me falta fazer alguma coisa que não entendi?

O lama, austero, inquiriu o homem, agora já velho, sobre o que ele o havia mandado fazer. Humildemente, o homem relatou-lhe com detalhes o que estava praticando, ao que o lama respondeu-lhe que achava que tinha lhe dado a informação errada, e que o homem não alcançaria jamais a tão desejada iluminação.

Ao receber tal revelação, o pobre homem, desalentado, pôs-se aos prantos aos pés do lama e disse, comovido:

— Então, quer dizer que de nada serviu tudo o que fiz durante esses vinte anos... Dia e noite em meditação e oração...

Ao que o lama retrucou que nada mais poderia fazer por ele, que se conformasse com sua situação. E continuou a atender as demais pessoas do povoado que vinham até ele aconselhar-se.

Percebendo que nada mais o lama tinha a dizer-lhe, o pobre velho amargou ter perdido tantos anos de sua vida em uma busca infrutífera e recolheu-se novamente à gruta. Não sabia mais como levar a sua vida a não ser meditando e orando. Pacificamente, voltou à prática de antes. Em posição de meditação, olhos semicerrados e pernas cruzadas, recomeçou as preces com o mesmo ânimo de antes, pois aquela atitude já fazia parte da sua vida e outra não lhe seria possível começar. É o que ele considerava.

Desta forma, já desesperançoso de conseguir seu objetivo, recomeçou a meditação e a oração que o lama lhe havia ensinado. Mal começou e veio a iluminação. Sua mente tornou-se clara, percebeu a realidade e permaneceu neste estado. Havia entendido que sua ansiedade em obtê-la era tão grande que não deixou que a iluminação tomasse conta dele. Uma vez desprendido de qualquer desejo, alcançou-a. A partir de então, seria possível compreender e auxiliar todos os seres a encontrarem a paz de espírito. Meditou, por mais um tempo, no que lhe havia ocorrido, levantou-se em reverência, deixou a sua gruta e voltou para a aldeia.

Lá chegando, olhou para o povo com um novo olhar, aquele povo que sempre vira de uma outra maneira. Enxergava-o claramente, exatamente como era. Seu semblante se transformara. Elevou os olhos para o céu, de onde parecia vir um riso suave do seu mestre, o lama. Abriu-se um magnífico arco-íris no céu.

Capítulo 5

O sonho de voar

O sonho de alcançar as estrelas

A lenda brasileira que vamos contar, agora, provém de um mito indígena. É mais um elemento da sabedoria que se transmite através da mitologia, que os índios, assim como outros povos chamados, impropriamente, de primitivos, criaram: por meio da imaginação, suas histórias falam de seres superiores e com habilidades maravilhosas, como forma de entender o mundo, de maneira mágica e sonhadora.

Há muito tempo atrás, o povo dos carajás não sabia ainda os segredos do cultivo das plantas, tanto que se alimentavam da caça, da pesca e da coleta das plantas nativas encontradas. A etapa em que a tribo se encontrava não permitia, ainda, que fossem capazes de desmatar os campos, formar clareiras para plantar milho, mandioca ou qualquer tipo de fruto. Dependentes apenas da natureza, sem fazer provisões para seu sustento futuro, e assim, durante a estação das chuvas, era comum passarem dias sem nada para comer.

Numa certa aldeia carajá, havia duas irmãs, uma de nome Imahérô, que era a mais velha, e outra de nome Dénakê, a mais jovem. Numa noite estrelada, as duas se sentaram junto ao pai, ouvindo suas histórias antigas, e admiravam aqueles pontinhos que emitiam um brilho intenso. Era uma glória poder olhar todas as noites para aquela imensidão pacífica, muito acima das montanhas mais altas, imaginando e sonhando. Enquanto assim estavam, Imahérô sentiu-se presa a uma impressão que nunca tivera antes. Estranhamente era-lhe impossível desviar o olhar de uma imensa estrela que fulgurava à sua frente. Sentindo o coração disparar, a jovem índia sentia-se paralisada por esta hipnotizante atração. Perplexa, perguntou ao pai:

— O que é aquilo que brilha lá longe? Eu faria tudo para que fosse meu.

Seu pai acariciou-a, achando graça no sonho da filha, e lhe explicou:

— O que você está vendo é Tainá-Cã, a grande estrela. E está tão longe daqui que ninguém jamais poderá alcançá-la. A única maneira de possuí-la é você usar sua imaginação e passar a desejá-la ardorosamente. Caso ela ouça, se agrade de você e queira descer do céu e viver em sua companhia, o seu desejo poderá se realizar. Mas, para tanto, você necessita de muita fé.

Esperançosa, Imahérô deitava-se todas as noites em sua oca e, quando adormecia, não sonhava com outra coisa a não ser em conquistar Tainá-Cã.

Mergulhada nas águas oníricas, a noite estava alta, quando percebeu que alguém entrava em sua casa. Despertando assustada, perguntou:

— Quem está aqui?

— Sou eu, Tainá-Cã, a grande estrela que você chamou — disse uma voz.

Maravilhou-se e, tomada de grande alegria, a indiazinha pulou da cama e foi ao encontro do clarão que de repente aparecera na escuridão. Logo chamou seu pai e sua irmã para seu canto, e acendeu um lume para poder enxergar melhor aquele que dizia ser Tainá-Cã. Qual não foi o tamanho da sua decepção ao deparar-se, bem à sua frente, com um homem velho, de longos cabelos e barba espessa, tudo branco como os ovinhos dos ninhos das aves. Imahérô não conseguia acreditar que seu sonho estava desfeito, pois era assim que se apresentava a grande estrela fulgurante que tanto desejara para si. Furiosa e decepcionada, gritou:

— Desapareça da minha frente e volte para o céu! Não quero me casar com você, que, além de feio, poderia ser meu avô! Vamos, suma daqui!

Ao ouvir aquela brutalidade, o pobre Tainá-Cã se entristeceu, abaixou o rosto e derramou lágrimas doídas, num choro muito baixinho. A outra irmã, Dénakê, penalizada e enternecida, disparou em direção a Tainá-Cã e, colocando aquelas mãos enrugadas entre as suas, disse-lhe:

— Eu quero que você seja meu marido. Case-se comigo, quero ser sua mulher.

O velhinho mostrou grande felicidade e pediu Dénakê em casamento. As bodas foram celebradas logo no dia seguinte.

Tainá-Cã voltou-se para sua jovem e bela mulher e lhe disse carinhosamente as seguintes palavras:

— Preciso deixá-la agora e me encaminhar para a floresta, a fim de limpar uma boa parte de um terreno e plantar por lá uma porção de sementes boas, de plantas que os carajás ainda desconhecem. Porém teremos de nos separar por um tempo, pois tenho de ir só.

Ditas essas frases, Tainá-Cã encaminhou-se até o rio. Conversou com ele, pronunciando determinadas palavras mágicas, e depois pôs-se a entrar em suas águas até a altura dos joelhos. Debruçou-se então bem em frente da corrente. Continuamente mergulhava sua mão no meio das águas e retirava delas sementes de milho e todas as demais plantas que vieram a ser cultivadas pelos carajás depois disso, até os dias de hoje. Feito isso, seguiu rumo à floresta para limpar o terreno, conforme havia dito à sua mulher.

A pobre Dénakê se mostrava inquieta pela longa ausência do marido. Não seria ele muito velho e já sem forças para executar trabalhos tão duros? Aflita, a mulher se preocupava, imaginando o que lhe havia acontecido. E se alguma fera o tivesse atacado? Ou se tivesse caído dentro de alguma fenda na terra? Seu desespero não a deixava esperar mais, de modo que decidiu desobedecer-lhe e partir ao seu encontro, porque a noite já se aproximava. Depois de muito andar, Dénakê alcançou a clareira na floresta que Tainá-Cã acabava de abrir, porém não o enxergou. Apoderava-se dela uma inquietação cada vez maior, à medida que o procurava, adentrando a clareira. Por fim avistou um jovem rapaz, que carregava uma saca de cinzas ainda quentes e as espalhava pelo solo. Dirigiu-se a ele.

— Por acaso você não viu por aqui um velhinho? — perguntou ela. — Ele é o meu marido e me aflige demais que ainda não tenha retornado à aldeia. A noite já está se aproximando e sinto medo ao pensar que possa ter-lhe acontecido alguma tragédia.

— Dénakê, sou eu, Tainá-Cã — revelou o belo rapaz. — Sou jovem ainda e, ao me apresentar com outra aparência quando nos casamos, minha intenção era conhecer os verdadeiros sentimentos da jovem Imahérô, que tanto desejo demonstrava em casar-se comigo. Foi de muita valia tê-la experimentado, e estou extremamente feliz por você ter me aceitado por seu marido, apesar da aparência que você julgava me pertencer. Esta clareira que abri na floresta foi para recompensá-la por sua bondade, oferecendo ao seu povo todas estas culturas. Venha, voltemos à aldeia, vamos contar-lhes tudo.

Assim que Tainá-Cã terminou de contar sua história, Imahérô emitiu um grito sinistro e caiu ao chão desmaiada. Passaram-se apenas alguns segundos, e o seu corpo instantaneamente evaporou. Em seu lugar, surgiu uma imensa ave de rapina, que, a partir de então, voa sem rumo, ao léu, todas as noites, assim que as estrelas começam a polvilhar o céu, lamuriando-se penosamente.

Um herói voador

Dédalo, membro da realeza de Atenas, trabalhava naquela cidade como arquiteto e escultor. Tinha um sobrinho que possuía grande inteligência e criatividade, que o auxiliava. Porém, a grande capacidade do rapaz causou inveja no tio, que o matou. Quando o assassinato foi desvendado, Dédalo foi julgado e condenado ao exílio. Resolveu, então, refugiar-se em Creta, acolhido pelo rei Minos.

Minos tinha sido obrigado a aceitar, como castigo dos deuses, que sua mulher, Parsifae, se apaixonasse por um touro. Dédalo fez, a pedido da rainha, uma novilha de bronze, dentro da qual ela recebia o amante. Dessa união nasceu o Minotauro.

A ajuda de Dédalo à rainha desagradou o rei Minos. O rei pediu a Dédalo que construísse o Labirinto, um tipo de palácio desabitado, de complexos corredores. Quem lá entrasse jamais conseguiria sair e morreria de inanição. Foi feito especialmente para encerrar o indesejado Minotauro, um estranho ser, metade touro e metade gente.

Minos prendeu Dédalo no Labirinto, juntamente com o filho Ícaro. Mas Dédalo sabia como encontrar a saída, ou a entrada, se quisesse, para retornar ao mundo livre. Mas dependia de que alguém fornecesse um novelo de fios para que ele desenrolasse à medida que penetrasse no Labirinto. E isso não ocorreu.

Então estava perdido o prisioneiro do Labirinto? Não Dédalo, o arquiteto, o escultor, o imaginoso. Ele se dedicou a fabricar asas para ele e seu filho saírem voando do tétrico presídio. Unindo as penas, iniciando pelas menores e adicionando as maiores, conseguiu formar uma área crescente. Pregou as maiores com fios e as menores com cera de abelha, ligou-as ao seu próprio dorso e ao dorso do filho, e saíram flutuando céu afora, livres, afinal, da tenebrosa prisão. Como se vê, vem de muito antigamente o sonho de voar, do bípede implume.

Ao iniciarem a viagem, recomendou Dédalo ao filho:

— Não voe muito alto, nem muito depressa, e cuidado com o calor do Sol.

Quem sabe se sua intenção fora precavê-lo até contra a inveja que dele sentiria o Sol? Já imaginaram um humano voador?

Dédalo chegou são e salvo à Sicília, onde se escondeu no palácio do rei Cócalo.

E Ícaro? Vendo-se alado, sentiu-se exultante e voou cada vez mais para o alto. Por um momento lembrou-se da recomendação do pai, mas seguia por outra direção, livre como um pássaro. E voava e voava, chegando cada vez mais próximo ao Sol. Hélio espiou do alto e não gostou da arrogância daquele mísero humano. Quem ele estava pensando que era? Concentrou nele o fogo dos seus raios, a cera derreteu e Ícaro caiu no mar, que, daquele dia em diante, recebeu o seu nome. Foi o primeiro desastre da aviação.

Antes da guerra de Tróia, o herói Perseu procurou as Ninfas, que lhe deram sandálias com asas para a tarefa de matar uma das Górgonas.

As asas eram de ouro, preparadas para voar grandes distâncias. Perseu matou Medusa, decapitando-a. Do peito do monstro saltou Pégaso, um cavalo de asas, que passou a ser a montaria habitual do herói nos seus trabalhos. As sandálias que lhe foram emprestadas pelas Ninfas pertenciam a Hermes, o deus-mensageiro. De longe vem o sonho do homem de voar por seus próprios meios.

Voavam os deuses criados a imagem e semelhança dos humanos. Tudo isso pertencia à lenda, ao mito. Mas tudo que o homem pode sonhar, o homem pode fazer.

O sonho de Anésia

Havia no interior de São Paulo, muitos anos atrás, uma menina sonhadora. Brincava com suas amigas, ia à escola e freqüentava as festas da sua cidade natal. Seu nome era Anésia Pinheiro Machado.

Era o ano de 1920 e Anésia contava pouco mais de 15 anos. Comemorava-se na cidade a Festa do Divino, típica da região, e toda a população participava. As ruas tinham sido enfeitadas com bandeirolas, havia barraquinhas com doces, quentão, brincadeiras. Mas a grande surpresa que trouxeram para a festa constava de uma aeronave. As pessoas faziam fila para dar uma volta curta pelos céus, que custava uma pequena fortuna.

Anésia, que era de família humilde, encantou-se com a novidade e deixou de lado as amigas para espremer-se entre a multidão que aguardava, feliz, sua vez de voar. Mas ocorre que ela não possuía tal quantia, mas sua insistência em subir na aeronave foi tamanha que a deixaram entrar, mesmo sem pagar.

Então Anésia realizou seu sonho. Encantada, subiu no avião e se deliciava ao ver-se cada vez mais perto do céu, deixando lá embaixo a vida cotidiana. E sonhou, a partir desse dia, ser aviadora.

Só pensava em realizar seu sonho quando, no ano seguinte, conseguiu novamente subir aos céus. Pronto. Estava decidida.

Deixando a família na cidadezinha, partiu para a capital. Não foi fácil convencer seus pais e parentes da sua resolução. Todos argumentavam que não era normal que uma moça se tornasse piloto de aviação e tentaram várias vezes dissuadi-la. Mas Anésia, determinada, partiu para São Paulo, dizendo que ainda ouviriam falar a seu respeito.

Naquela época, realmente, o desejo de Anésia era incomum, bem como sua resolução de ir sozinha à capital. Existiam poucos pilotos e, para uma mulher, era uma atitude desafiadora para os moldes pouco feministas do Brasil de então.

Bem, Anésia chegou a São Paulo. Como era pobre, teve de hospedar-se num vão de escada de uma casa de família e muitas vezes passava necessidades, inclusive fome. Na cidade, ainda não tão grande, mas bem maior que a sua vila, a mocinha pôs-se a procurar emprego. Arranjou um trabalho como vendedora. Conhecera várias pessoas, entre elas, um senhor endinheirado que se tornou seu amigo. Sabendo do sonho da moça, foi por ela convencido a dar-lhe um empréstimo para que comprasse um pequeno avião, que servira na Primeira Guerra Mundial. O senhor, então, entregou-lhe o dinheiro, e Anésia deu-lhe sua palavra de que conseguiria ganhar o suficiente para quitar sua dívida.

Qual não foi a surpresa para sua família, seus parentes, seus amigos e os brasileiros em geral quando, ao folhear o jornal, no dia 17 de março de 1922, depararam-se com a foto de Anésia estampada na primeira página. Ela realizara seu primeiro vôo solo no Brasil, num tempo em que os aviões eram ainda precariamente construídos, constituindo-se num grande perigo pilotá-los.

Conseguida a proeza, Anésia não parou mais: conquistou o primeiro recorde feminino de altitude, seguido de outro gesto pioneiro: voou sozinha de São Paulo até o Rio de Janeiro, recebendo como prêmio uma medalha que lhe foi pessoalmente entregue por Santos Dumont. Em 1924, Anésia executou vôos de reconhecimento durante tiroteios, tornando-se revolucionária. Tinha apenas vinte anos de idade e já era conhecida como "intrépida aviadora". Ficou presa por quase um ano.

Nos anos 1930, recomeçou suas atividades, sendo elogiada internacionalmente como um dos melhores pilotos a fazer acrobacias aéreas.

De acordo com as leis brasileiras, Anésia, décadas depois, com 60 anos, teve de descontinuar suas atividades profissionais, mas permaneceu voando.

Durante sua carreira, Anésia foi a primeira aviadora no Brasil que transportou passageiros, realizou vôos acrobáticos e ainda atuou como repórter aeronáutica. Conseguiu ainda licença como piloto privado e comercial, sendo também instrutora. Foi também uma brasileira pioneira na aviação feminina transcontinental, e membro ativo da *The Ninety-Nines* (organização que reunia as mulheres aviadoras), vindo até a participar como convidada especial na comemoração do bicentenário da independência dos Estados Unidos.

Anésia Pinheiro Machado morreu em 1999, aos 95 anos de idade, lúcida e com incrível memória.

Quem quiser saber mais sobre ela, pode vê-la e ouvi-la em entrevistas que se transformaram num documentário chamado *Anésia, um vôo no tempo*, realizado em 1997.

O velho sonho de voar

O princípio básico da propulsão a jato foi formulado no século II, por Heron, o Velho, matemático de Alexandria; quase dois mil anos depois, é amplamente utilizado nos aviões de alta velocidade.

Em 1490, Leonardo da Vinci projetou uma complexa máquina de voar, um tipo de helicóptero, com asas, hélice e um pára-quedas.

Em 21 de novembro de 1783, subia aos céus de Paris um balão de vôo livre, apenas cinco meses após as primeiras demonstrações que os irmãos Montgolfier haviam feito, com os balões que tinham inventado, sustentados por ar quente.

Nessa época, estava completamente esquecido o Padre Bartolomeu Lourenço de Gusmão e a sua ridicularizada passarola, um tipo de balão não bem-sucedido de cem anos antes.

Padre Bartolomeu Lourenço de Gusmão, chamado vulgarmente de Padre Voador, nasceu no Brasil em 1685 e aos 15 anos foi pela primeira vez para Portugal. Contam que era versado nos clássicos gregos e latinos — Ovídio, Virgílio, Horácio, Suetônio, Cícero, Sêneca e outros que sabia de cor. Era poeta e citava em seus versos Aristóteles e os escolásticos. Foi apelidado de "Voador" por ter fabricado uma frágil estrutura que, por zombaria, ganhou o nome de passarola. A primeira delas incendiou-se até virar cinzas. A segunda chegou a subir, mas caiu e se despedaçou. Da terceira vez, não se sabe o que houve; para a época era até rápida, e subiu, apontou para a frente e sumiu do campo de visão, nunca mais sendo vista.

José Saramago resume as idéias da época do Padre Voador a respeito da passarola em *Memorial do convento*, por meio de um de seus personagens:

> — *Com o perdão da confiança, só os pássaros voam, e os anjos. E os homens quando sonham; mas nos sonhos não há firmeza.*
>
> — *Mas voou em pessoa ou só voaram os balões?*
>
> — *Voar os balões é a mesma coisa que voar eu.*

O homem primeiro tropeça, depois anda, depois corre. Um dia voará.

A vontade de voar continuava crescendo em Paris. Pilâtre de Rozier e seu acompanhante, o Marquês de Arlandes, permaneceram no ar durante 25 minutos num aparelho movido a ar quente. Foi um delírio a novidade de permanecer tanto tempo no ar.

Passado pouco tempo, o físico francês Jacques Alexandre Charles planou no ar com um balão cheio de gás, impulsionado pelo vento, por 3 horas e 45 minutos, deslanchando por 65 quilômetros, para assombro das multidões que o seguiam com os olhos, gritando e correndo.

Em 7 de janeiro de 1785, o aviador francês François Blanchard e o norte-americano Jeffries cruzaram o canal da Mancha num balão. Seria, enfim, a realização do velho desejo de voar, tentado, imaginado e sonhado há milênios?

Ainda não. O máximo que se conseguira não ia além de brincadeira de adultos, de experimentos que não levavam a nada, como o do Padre Voador, um século antes: balão inflado e barquinha à deriva, em cujo itinerário não influía a vontade do homem. Em suma: nada prático, a não ser para os exibicionistas, os palhaços das feiras.

Em época de exaltação religiosa e de fanatismo, não faltava quem dissesse que se tratava de heresia. O homem estava querendo ir contra a vontade de Deus, que havia criado os humanos sem asas. E que o castigo viria, muitos castigos. Supersticiosamente, o povo previa desastres e reprovava a incipiente conquista do ar.

Os cientistas, esses hereges, não se davam por vencidos.

— Se Deus não deu asas ao homem, por que não as fabricamos nós, e ficaremos eficientes para voar?

A busca da dirigibilidade dos balões já vinha de algum tempo. Um italiano, Francisco Lana, em 1670, depois de muito pesquisar, descobriu que qualquer barco que possuísse mastro e vela, e que fosse erguido por quatro globos de metal ocos, podia flutuar e ser dirigido, mas apenas em 1884 os irmãos Alberto e Gastão Tissandier conseguiram equipar um balão com um motor elétrico e uma hélice, fazendo-o voar. Ao contrário de Henri Giffard, que tentou o mesmo valendo-se de um motor a vapor, que não teve sucesso.

No fim do século XIX, em 1898, e no início do século XX, dois inventores revolucionaram o panorama da aviação: o brasileiro Alberto Santos Dumont e o conde Ferdinand von Zeppelin.

O jovem Santos Dumont iniciou a construção de pequenos balões. O primeiro armazenava apenas cem metros cúbicos de ar, tinha capacidade para apenas um passageiro, e foi batizado com o nome de Brasil.

Santos Dumont tornou-se popular com a apresentação de excelentes resultados nesse campo, e tendo financiado sozinho a construção de mais de dez aviões, e construído ele próprio a maior parte das peças, partiu para novas conquistas, trabalhando agora com os aparelhos mais pesados que o ar. Em 23 de outubro de 1906, o jovem inventor brasileiro conseguiu que seu aparelho subisse um metro acima do solo, alcançando uma distância de 220 metros. As soluções estavam no ar. O mundo inteiro se agitava buscando mais experimentos. Em 1903, os irmãos Wright aperfeiçoaram sua máquina voadora.

Por sua vez, o conde Zeppelin contava 62 anos e era oficial do exército prussiano. Já havia se aposentado com a patente de general. Começou seus ensaios com dirigíveis rígidos. Para ele, a aeronave deveria ser de um bom tamanho e ter a máxima capacidade ascensional, para progredir em velocidade. Movendo-se com rapidez, o aparelho seria capaz de enfrentar golpes de vento contrários e prejuízos causados pelas tempestades. Os dirigíveis de grande porte, com formato de charutos enormes e com armação metálica, navegaram pelos céus, na época, acenando com a solução para os variados empecilhos para a navegação aérea, como por exemplo a segurança diante de intempéries. Usou-se como gás o hidrogênio.

Apesar de começos não alvissareiros, foi possível criar, na Alemanha, com os zepelins, a primeira linha de navegação aérea comercial, com percursos breves de no máximo duas horas, algumas delas com linhas que atendiam passageiros. A Inglaterra entrou na competição aeronáutica; em julho de 1919, o dirigível inglês R-34 foi o primeiro a atravessar em viagem de ida e volta o Atlântico Norte, da Escócia a Long Island, nos Estados Unidos. O mais célebre de todos os dirigíveis foi o Graf Zeppelin, que fez duas viagens da Alemanha para os Estados Unidos, uma volta ao mundo em vinte dias, várias viagens ao Brasil, uma a Buenos Aires. Esses aparelhos realizaram várias outras viagens, como a feita por um balão italiano ao pólo Norte, sob o comando do general Humberto Nobile. Porém, foram tantos os desastres causados com os aeróstatos (mais leves que o ar) que se descontinuou aos poucos a sua utilização. Assim, os inventores optaram por trabalhar exclusivamente com aparelhos mais pesados que o ar. Conseguiram aperfeiçoamentos que confirmam definitivamente o sucesso da aventura aviatória da humanidade.

Aberto o caminho pelo ar, iniciou-se a fabricação de máquinas voadoras por todo o mundo. O nome dessas máquinas era aeroplano. Os que tinham apenas um par de asas eram os monoplanos. Os de dois pares, biplanos. E havia ainda os triplanos.

A Primeira Guerra Mundial detonou a meteórica evolução do mais pesado que o ar. Aeroplanos atravessaram o canal da Mancha, ultrapassaram e cruzaram os Alpes, participaram de inúmeras guerras, transpuseram oceanos. Em 1919, foram realizadas, a partir de Portugal, duas travessias do Atlântico Norte. Os portugueses Gago Coutinho e Sacadura Cabral voaram com escala da Europa ao Brasil. Em 1927, é a vez da França: Costes e Lê Brix saíram do Senegal e aterrissaram em Natal, num inacreditável vôo sem escala de 17 horas e 7 minutos de duração. No mesmo ano, Charles Lindberg conquistou a esplêndida travessia direta de Long Island até Paris. Ele percorreu 5.836 quilômetros num tempo de 33 horas e 33 minutos.

Lindberg tinha 25 anos quando tomou essa iniciativa. Tinha realizado já vôos importantes como piloto de linhas comerciais. Além disso, era piloto de provas, experimentando modelos novos, o que lhe deu uma cancha excepcional. Eficiente em vôos noturnos, voava sob quaisquer condições atmosféricas. Realizava tarefas arriscadas, confiante em sua categoria para driblar o perigo, e salvou-se algumas vezes saltando de pára-quedas. Voava sozinho, de onde vem o seu apelido, Águia Solitária.

O avião de Lindberg chamava-se Spirit of Saint Louis e tinha só um motor de 220 cavalos, e é impressionante a façanha desse moço em efetuar uma viagem dessas nas condições realizadas.

A brasileira Ada Rogato cruzou o Atlântico numa viagem inesquecível, e o avião em que ela fez esta proeza está exposto no Museu Aeronáutico de São Paulo. Para os visitantes do museu, acostumados a aviões de grande porte, é difícil acreditar que uma mocinha pudesse ter atravessado o oceano pilotando aquilo.

A carreira do mais pesado que o ar deslanchou vertiginosamente. Superou recordes e mais recordes. E as mulheres deram mostras de arrojo nessa área.

Foi inventado o autogiro, um intermediário entre o avião e o helicóptero, mas que não voa para trás nem se detém no ar.

Inicia-se a era dos grandes vôos, em que os conquistadores do ar circundam o mundo. Efetua-se o vôo sem escalas ao redor da Terra; é criada a propulsão a jato; são realizados vôos transatlânticos e técnicas de decolagem na vertical; emprega-se o radar, eliminam-se as hélices, atingindo-se velocidades mais altas; com a construção de aviões-foguetes, é transposta a barreira do som, cerca de 1.200 quilômetros por hora, graças a um grande desenvolvimento no sistema de propulsão a jato.

Qual seria o novo sonho humano? O incessante progresso até onde iria? Iria até o inacreditável, o inaudito, o impossível, o milagre. Iria vencer o tempo. A máquina de voar do homem superou a velocidade aparente do Sol. Já foram criados aviões-foguetes que ultrapassavam os 3.500 quilômetros por hora, voando a mais de 30 mil metros de altitude. Mas esse jogo com o espaço-tempo superava tudo que qualquer mente delirante, ou qualquer sonho, dormindo ou acordado, pudesse viabilizar.

O curto espaço de tempo em que tudo isso aconteceu também faz parte do milagre. Em 1930, noticiava-se que um brasileiro, chamado comandante Muniz, havia realizado em um dos autódromos de Paris experiências com um novo tipo de aeroplano estafeta.

Numa crônica muito cética, o velho Machado de Assis comentava, décadas antes:

Francamente, é difícil a gente saber por enquanto qual será o futuro desse invento novo de brasileiro: se virará Zeppelin, como o aeróstato de Bartolomeu Lourenço, ou virará aeroplano, como a libélula de Santos Dumont. Ou virará desastre, como o infeliz sonho de Augusto Severo.

Uma fábula chinesa

Nos campos da China, viviam à beira de um lago formoso duas garças e uma tartaruga. Eram amigas de animados folguedos, divertindo-se ora nas águas do lago, ora tomando sol, ora entre a vegetação. Era uma amizade que se fortalecia a cada dia que se passava.

Houve um ano em que choveu abundantemente, enquanto no outro, nem um pingo d'água caiu do céu. A vegetação amarelava e secava, o solo tornava-se gretado e até os rios foram atingidos. Viam-se a cada dia as margens aumentando, as águas descendo, os peixes morrendo. A seca castigou tão rudemente o lago que era possível ver seu leito arenoso. As garças e a tartaruga foram tomadas de desespero, não sabiam o que fazer, para onde fugir. Tudo em volta era devastação. Que desânimo!

Como a situação não melhorava, as duas garças alçaram vôo para longe do lugar, tentando achar um outro local que oferecesse melhores condições de vida. Voaram, voaram. Passados alguns dias, voltaram para perto da amiga tartaruga e lhes deram esta notícia:

— Por onde voamos só achamos destruição. Parece que o sol resolveu desentender-se com nossa terra, de tal modo estão secas as regiões por onde passamos. Conversamos com os animais e estão todos fugindo para o Lago Celeste, para não perecer de fome e sede a qualquer momento.

A tartaruguinha arregalou os olhos, depois os fechou, encolhendo-se todinha e chorando grossas lágrimas, enquanto se lastimava.

— Vão vocês, que sabem voar e em breve alcançarão a salvação. Eu, mesmo que me esforce, não conseguirei chegar lá. Meus passos são vagarosos e minha carcaça é muito pesada. Vão-se embora! Deixem-me aqui morrer à míngua, a sua amiga de anos!

As garças, comovidas, acabaram também chorando, penalizadas com a situação da tartaruga. Resolveram ficar por mais uns dias, quem sabe caísse uma chuva e a situação melhorasse...

Passados cinco dias, nenhuma nuvem se formava no céu. Apenas o sol, causticante, secando as plantas, os rios, os lagos. À noite, também nada. Só lua e estrelas.

Vendo que a situação não dava mostras de melhorar, as duas garças voltaram a pensar em mudar-se para o Lago Celeste. A pobre tartaruga, percebendo a resolução das amigas, pediu que elas a levassem junto em seu vôo. As garças se puseram a pensar naquela proposta, em busca de uma solução. Até que lhes veio a idéia de que, cada uma segurando com o bico uma das pontas de um galho, formariam um apoio para a tartaruga, que se agarraria a ele com a mandíbula.

O contentamento e a alegria apoderaram-se da tartaruga, que não se cansava de agradecer aos céus as amigas que tinha.

— Então vamos logo! — disse ela, plena de felicidade. — Não vamos perder mais nenhum segundo.

Embora também contentes por poder salvar a amiga, as garças sabiam do risco que ela poderia correr, por isso a avisaram de que não poderia de forma alguma abrir a boca até que chegassem ao Lago Celeste, caso contrário poderia cair do céu. A tartaruguinha, animada, prometeu que nada a faria com que abrisse a boca.

Combinaram a viagem para a manhã seguinte, comeram e foram dormir. Mal a aurora despontava, as três amigas se puseram em direção ao céu, da forma combinada: cada garça segurando uma ponta do galho e a tartaruga ferrando-lhe a mandíbula bem no meio.

Seguiram a viagem observando a paisagem desértica que ficava para trás, dando lugar ao verde das matas, que começava a aparecer.

Pelo caminho por onde passavam, as pessoas olhavam admiradas da esperteza da tartaruga que era levada pelas garças. As garças prosseguiam voando, atentas apenas ao itinerário que haviam traçado. Mas a tartaruguinha estava exultante com os elogios. Voando por uma outra cidade, as pessoas aplaudiam a inteligência das garças, que, além de levarem um galho no bico, a ele prenderam uma tartaruga, fazendo-a voar pelo céu.

As garças permaneciam absortas, nem ouviam o que se comentava lá embaixo. Mas a tartaruga, vendo que não era mais alvo de atenção, e sim as garças, ficou extremamente irritada. Olhou para baixo para conquistar a platéia e dizer-lhes que quem inventara aquele truque fora ela:

— Olhe, pessoal... — e não terminou suas palavras.

Ao abrir a mandíbula, largou o galho e esborrachou-se num imenso rochedo que havia abaixo dela, quebrando o casco em mil pedacinhos.

A tartaruguinha, afinal, havia alcançado, mesmo que por poucos instantes, o seu sonho. Viveu, intensamente, sua momentânea felicidade e a liberdade de flutuar pelos ares. São breves assim alguns dos nossos so-nhos. Mas o que importa é não perder a capacidade de sonhar, mesmo que isto requeira sacrifícios, pois a vida sem sonhos é desprovida de cores, de sabores, de emoções, de grandeza.

O sonho de voar para outros mundos

Este sonho iniciou-se na antiga China e teve, no começo, um caráter espiritual. Nas pesquisas feitas sobre a fabricação de foguetes, uma substância parecida com a pólvora parece ter sido o primeiro combustível sólido que foi usado pelos seres humanos. A pólvora mesmo tem sua mais antiga referência provinda da China, 3000 a.C., onde em tubos de bambu se colocava uma mistura de salitre, enxofre e carvão. Esses "foguetes", disparados em loucos rituais religiosos, tinham por objetivo expulsar, com seu estrondo, os espíritos malignos. Acreditava-se que estes se apossavam de homens e mulheres que se conduziam mal perante os outros. Mas depois dessa característica espiritual, o uso desses objetos passou a ter um outro significado, mais agressivo, o de fazer parte das táticas militares chinesas, por eles agora denominados "setas de fogo".

Sob a pressão das tenebrosas ofensivas dos mongóis, povo inimigo, que ocorreram no começo do século XIII, a dinastia Sung dependia mais e mais de pessoas de grande alcance de imaginação para conceber a tecnologia que os defendesse desses ataques cruéis. Assim, surgiram homens de gênio que introduziram e aperfeiçoaram diversos armamentos, como os projéteis explosivos e os canhões. Foi um grande passo. A artilharia chinesa usou essa arte para desenvolver assustadoras e poderosas setas-foguetes, a fim de refrear os impulsos furiosos dos bárbaros na invasão mongol de 1232. Quando eram disparadas, soavam como um estrondoso trovão, apavorante, que era ouvido a léguas de distância e, caindo sobre a terra, devastavam implacavelmente uma área de muitos metros quadrados. Esses objetos podem ter contado com a primeira câmara de combustão, visto que há referências sobre uma espécie de vasilha de ferro que continha e dirigia a expulsão de toda a pólvora existente na arma.

Por volta de 1240, quando a fúria mongol caiu como um trovão sobre os húngaros, foi que a Europa veio a saber da existência de armas tão poderosas. Os incessantes estrondos aturdiam a população, desagradavelmente surpreendida com a ferocidade e poder daquelas armas. Em 1260, aproximadamente, quando os bárbaros e cruéis invasores mongóis começaram a devastar Bagdá, os árabes, aterrorizados, aprenderam, com a extrema rapidez que se tem quando a vida corre perigo, a fabricar grandes quantidades de foguetes, disparando-os contra o exército francês durante a sétima cruzada, poucos anos depois.

O ano de 1300 encontra a Europa já tensa e equipada com foguetes. Há um estudo que foi publicado em Londres em 1647, intitulado *A arte das armas de fogo*, contendo literatura sobre como foi o início de sua fabricação. Mas o uso desses projéteis, agora não mais de cunho espiritual, porém declaradamente bélico, foi primeiramente adotado pela França, na Guerra dos Cem Anos, quase dois séculos antes da publicação inglesa.

Os holandeses, por volta de 1700, já eram capazes de fabricar foguetes maiores, que pesavam de 25 a 55 quilos, mas foi no fim do século XVIII que, unanimemente, os militares da Europa assumiram verdadeiramente seu interesse por eles. A partir de então, os poderosos foguetes começaram a ser fabricados com maior sofisticação; foi com esse poder de fogo, de armas que causavam terríveis destruições, que os foguetes explodiram no Novo Mundo durante a guerra de 1812.

Chegava a hora dos foguetes ganharem um outro significado, oposto ao de agredir, que lhe dera um espaço a ocupar: o significado de sonhar. O primeiro foguete que inaugurou essa nova era parece ter sido fabricado cem anos antes do lançamento do satélite Sputnik. Tinha o formato de uma ogiva cheia de muita pólvora, pesando quase cinco quilos, que levantou vôo assim que foi alçada e rapidamente seguiu seu rumo, fugindo das vistas ansiosas das pessoas que acorreram ao evento. Nunca se soube se ela um dia fugiu do seu destino de alçar vôos cada vez maiores.

O sonho de alcançar outros mundos ganhava cada vez mais espaço em quase todos os continentes, ganhando tanta ou maior importância que o significado anterior, ou seja, o bélico. E assim, com o passar dos tempos, o exército parece ter esfriado sua crença no poder destrutivo dos foguetes. Enquanto isso, outros ramos que haviam aderido ao seu novo significado, o de projetar sonhos, os receberam de braços abertos. Porém este sonho exigiria um pouco de energia e esforço para se materializar. O que se mostrava mais difícil era o passo inicial, porque até então este sonho fora apenas um ideal, ainda distante do alcance da humanidade, devido à demora em conseguir imaginar qual seria o tipo de combustível mais adequado para ele e, por conseqüência, em concretizar este novo significado, o de alcançar o sonho de voar para outros mundos. Sua descoberta despertou grande empenho em muitas pessoas que compartilhavam do mesmo sonho.

Um desses homens, o alemão Von Braun, antevendo a felicidade coletiva de dar à humanidade essa vitória, não media esforços para adentrar o mundo da imaginação, e por lá ficar, perseguindo a intenção de inventar um combustível adequado. Empenhou-se, exaustivamente, na busca, até que por fim concluiu que o combustível líquido provara ser a melhor opção. Conta-se que, na adolescência, dadas as suas preferências por opções mais exóticas que as da maioria dos seus amigos, Von Braun quase foi considerado um delinqüente juvenil, pois, desde os 13 anos, inventara estranhos objetos, uns que explodiam, e outros que, além de explodir, iluminavam com intensa chama o ambiente. Tudo isso ele realizava às escondidas do pai, doutor em Física.

Na década de 1940, o imaginativo Von Braun e a sua equipe pisaram o solo dos Estados Unidos. Pela primeira vez, soube da descoberta publicada de Robert Goddard, o pioneiro americano deste sonho de alçar-se além da Terra, e demonstrou grande envolvimento pela obra. O sonho de Von Braun parece ter surgido quando lia a obra de ficção científica *Guerra dos mundos*, de H. G. Wells. Goddard já tinha conseguido criar foguetes para sondar a atmosfera superior e atingir o espaço; era um homem técnico e de pensamento pragmático quem estava no comando da inauguração desta nova era na navegação aeroespacial.

As experiências grandiosas de Goddard iniciaram-se quando ainda estudava para o doutorado na Universidade Clark, em Worcester, Massachusetts. Ele atraiu as atenções dos sonhadores quando publicou um jornal no qual expôs didaticamente suas idéias técnicas sobre a fabricação de foguetes, sugerindo vagamente que já havia conseguido o que mais buscava então, ou seja, enviar um dos seus foguetes, como demonstração, para alcançar a Lua. O público em geral, além de ignorar suas inovadoras proposições, passou a considerar Goddard um louco ou, no mínimo, uma pessoa extravagante. Mas Goddard, à semelhança de Von Braun, havia criado e lançado um foguete alimentado com combustível líquido, num campo coberto de neve na chácara de sua tia, que participava de suas expectativas. Aquele foguete voou menos de 50 metros, mas voou! Foi o primeiro vôo na história de um foguete com combustível líquido. Daí em diante, com a divulgação da notícia espetacular, o sonho se tornara realidade. Goddard foi contatado pela Sociedade Inter-planetária Americana, em 1930, para transmitir ao mundo a sua conquista, publicando o seu trabalho, mas recusou. O admirável Goddard morreu em 1945 e tinha patenteado mais de duzentos foguetes.

Inicia-se a era da corrida espacial entre a União Soviética e os Estados Unidos, em busca do espaço insondável, o que muito contribuiu para o desenvolvimento das áreas científica e tecnológica. A União Soviética deu o primeiro passo, lançando o satélite artificial Sputnik 1, e logo lançou o Sputnik 2, que levava aos céus um pequenino ser vivo, a cadelinha Laika, que se viu estampada em manchetes dos jornais de todo o mundo. Esperançosos e inspirados pelo sucesso russo, os Estados Unidos sentiram-se estimulados a ampliar seu domínio nessa sonhada conquista.

Assim, em 1º de outubro de 1958, criou-se a *National Aeronautics and Space Administration*, a Nasa, que se tornou o núcleo responsável pelas pesquisas sobre a navegação aeroespacial no país, bem como pela construção dos satélites. Foram imensos os esforços, e, no mesmo ano de sua criação, a Nasa lançou ao espaço infinito seu primeiro satélite.

Dois anos mais tarde, o capacitado Von Braun e sua equipe, além de toda a Agência de Mísseis Balísticos do Exército, foram convidados a se transferir para a Nasa, para formarem o núcleo do programa espacial da agência. Von Braun agora possuía meios mais sofisticados com os quais podia perseguir seu sonho.

Em 1961, Alan Shepard conduziu uma espécie de avião-foguete Redstone, num vôo suborbital, não perfazendo a órbita completa em torno da Terra. Contudo, teve a glória de tornar-se o primeiro norte-americano a explorar o espaço, se bem que a caminhada ainda era imensa para atingir outros planetas. A partir de então, o presidente Kennedy determinou que seriam os americanos os primeiros homens a pisar na Lua, através do programa Apolo, desenvolvido pela Nasa.

Os primeiros passos para a descoberta e a conquista de outros mundos já estavam dados. Os próximos visavam criar um satélite capaz de transportar um ser humano por mais tempo. O interesse pelas pesquisas crescia a olhos vistos. Quem ganhou este troféu foi a União Soviética, lançando a cápsula espacial Vostok 1, tripulada por Iuri Gagárin. Os Estados Unidos, no ano seguinte, enviam ao ar John Glenn; seis anos depois, a Rússia tenta enviar à Lua, sem sucesso, uma tripulação a bordo da nave aeroespacial Soyuz 1 e, finalmente, no dia 20 de julho de 1969, a bordo da nave Apolo 11, o americano Neil Armstrong pisa o solo de um outro corpo do sistema solar, a Lua, para a maravilha do mundo, que assistia ao vôo através da televisão.

A União Soviética, dois anos mais tarde, no dia 19 de abril, lança a primeira estação espacial, Salyut, para aprofundar seus conhecimentos sobre a falta de gravidade no espaço. O mesmo fizeram os Estados Unidos, em 1973, com o envio do Skylab.

Esse contínuo desenvolvimento da navegação aeroespacial arrefeceu depois da Guerra Fria, por causa da recessão que gerou em vários países.

Contudo, muitos outros projetos continuaram a ser desenvolvidos, porque o homem não abre mão facilmente dos seus sonhos. Apesar das dificuldades, houve algumas conquistas, como a sondagem de outros astros, como Júpiter, Saturno, Urano, Netuno e Vênus, além do aprimoramento das naves.

Assim, mais uma vez, o ser humano, por seu gênio e inventividade, mostra que a vitória depende de muito esforço. Mostra mais do que isso: que a vitória depende da capacidade de acreditar, de perseguir seus sonhos, o que é inerente a todos os homens e mulheres.

Capítulo 6

Sonhos e encantamentos

O anel mágico

Numa longínqua aldeia da Rússia, morava um feliz camponês que levava uma vida confortável, embora não fosse rico. Tinha um filho, Mikhail, que, ainda menino, recebera a promessa do pai de que, quando completasse a maioridade, ganharia trezentos rublos e sua bênção, o presente dos seus sonhos.

Passaram-se os anos e o camponês enfraqueceu, adoeceu e morreu. Depois de muito lastimar a perda do pai, Mikhail, já crescido e sentindo que deveria tentar ser alguém na vida, achegou-se de sua mãe e contou-lhe:

— Meu pai, quando eu era criança, prometeu-me um presente magnífico: entregar-me trezentos rublos e sua bênção, para que eu soubesse como gastá-los futuramente. Mas, no momento, quero que você me dê apenas cem rublos.

A mãe lembrou-se do marido e chorou, achando o pedido do rapaz razoável, entregou os cem rublos a Mikhail, e ele saiu pela estrada. Caminhava em volta dos campos quando encontrou um homem que tinha um cachorro de orelhas caídas. Sentiu vontade de consolar o bichinho e disse ao homem:

— Camponês, quero comprar seu cachorro.

O homem olhou para o rapaz, viu que estava bem-vestido e disse que lhe venderia o cachorro por cem rublos.

Mikhail lhe entregou o dinheiro combinado e voltou para casa com o cão, para alimentá-lo, dar-lhe de beber e deliciar-se, brincando com ele. O animal era afável, animado e logo ficou seu amigo. Passado um tempo, Mikhail pediu à mãe mais cem dos trezentos rublos, e ela prontamente lhe deu. E lá se foi o rapaz novamente para a estrada, em busca de conhecer a vida. Assim andava quando se deparou com um homem que levava consigo uma gata extraordinária, que tinha a cauda dourada.

— Homem, venda-me esta gata, pois gostei dela.

Ao que o homem respondeu, zombeteiramente:

— Vendo-a por cem rublos, se é que você os tem.

Mikhail, imediatamente, sacou a quantia do bolso e comprou a gata, levando-a para casa para alimentá-la, saciar sua sede e trocar carinhos com ela. Passara-se certo tempo e o rapaz foi até a mãe e pediu-lhe os últimos cem rublos. Sua mãe preocupou-se, pois até agora achava que seu filho era imaturo para ter a ciência de empregar bem o dinheiro. O sonhador Mikhail acalmou a mãe, dizendo-lhe que não se preocupasse, e recebeu o restante do dinheiro.

Mikhail pôs-se estrada afora e soube que num reino, não muito distante, havia uma princesa que teve uma febre muito alta e morrera, tendo em seu dedo um belo anel de ouro. Mikhail desejava ir àquele reino retirar o anel da princesa. Chegando às portas do palácio, aliciou os guardas, que o deixaram chegar perto do caixão, e sorrateiramente surrupiou o anel.

Já de volta à sua casa, olhava o anel, examinando-o, quando trezentos homens e cento e setenta cavaleiros surgiram de dentro do anel, perguntando-lhe o que o jovem lhes ordenava fazer.

Mikhail pediu que, no lugar da sua casa, erguessem uma casa de pedra sem que a mãe soubesse. No dia seguinte, vendo a casa nova, a mãe se espantou, enchendo o filho de perguntas. Ele lhe disse que a casa era deles e que ela agradecesse a Deus.

O jovem já estava com idade de casar-se e soube que em outro reino havia um rei que queria casar sua filha. Mikhail pediu que a mãe fosse até o rei e pedisse a princesa em casamento para ele. A mãe disse-lhe que o rei recusaria, pois eles não eram da nobreza.

— Mãe, faça o que lhe digo. Faça suas orações, beba *kvass* — bebida à base de centeio — e durma.

Assim a mãe o fez. O filho tomou o anel e apareceram os homens e os cavaleiros perguntando o que ele ordenava. Mikhail pediu-lhes riquezas, ouro e jóias para impressionar o rei, no que foi atendido.

A mãe dirigiu-se ao castelo com aquela fortuna, e a princesa, ao ver as belas jóias, mandou que a mãe ordenasse ao filho que construísse próximo ao palácio um outro mais esplendoroso; aí ela se casaria com ele. Caso contrário, o condenaria à morte.

Pobre mulher! Voltou depressa para casa e, aos prantos, contou ao filho o que a princesa dissera. Ele a acalmou, dizendo que nada temesse. Que fosse rezar, tomasse seu *kvass* e dormisse.

Mikhail tomou o anel e ordenou aos homens que construíssem o que a princesa pedira. Pela manhã, o rei acordou e encantou-se ao ver um fausto palácio, com pontes de cristal, tendo brocados como tapetes. Aceitou o pedido de casamento e os dois casaram-se numa festa esplendorosa.

Um dia, a princesa perguntou ao marido como construíra numa noite apenas tal palácio. Deu-lhe bebida, licores, até que Mikhail mostrou-lhe o anel e disse que ele havia feito tudo aquilo e caiu na cama, embriagado. A princesa tomou o anel e logo surgiram os trezentos homens e os cento e setenta cavaleiros de dentro do anel. Mandou-lhes que atirassem Mikhail nos jardins e que levassem o palácio para o décimo reino que encontrassem.

Na manhã seguinte, o rei deu por falta do palácio e viu o jovem adormecido no jardim. Mandou a guarda buscá-lo e viu que era seu genro. Perguntou-lhe onde estavam sua filha e o palácio. O pobre rapaz de nada sabia e por isso recebeu a sentença de que, se em três meses não os trouxesse de volta, ele seria morto. E enviou-o à prisão.

A gata e o cachorro souberam do destino do dono e das intrigas da princesa e se propuseram a restituir-lhe o anel, e lá se foram pela estrada à cata da princesa. Atravessaram rios, montanhas, planícies até chegarem ao décimo reino.

Disfarçadamente, entraram no palácio e passaram a viver lá. Tudo que a governanta queria, a gata fazia; quando ela dava ordens ao criado, o cachorro tomava a iniciativa. Espantada, a empregada relatou o caso ao rei, que ordenou que trouxessem à sua presença os animais e, vendo-os, quis ficar com tão dóceis e prestimosos bichinhos.

A gata dormia com o rei e a princesa no leito real, e observou que a princesa dormia com o anel na boca. Numa dessas noites, a gata viu um ratinho no quarto e se apressou em devorá-lo. O bichinho lhe prometeu que, se lhe poupasse a vida, lhe daria o anel que tanto desejava. Solto, o ratinho subiu em cima da princesa, pôs sua cauda na boca da moça, que, engasgando, cuspiu o anel. Rapidamente a gata o pegou, chamou o cachorro e ambos correram até a prisão onde estava Mikhail. Ao vê-los, o rapaz não coube em si de alegria, acariciando-os. A gata entregou-lhe o anel e logo surgiu o exército de dentro dele, perguntando o que ele ordenava. Mikhail pediu-lhes que providenciassem uma música que o consolasse na prisão.

Pelo reino nunca ouviu-se um som tão melodioso. O rei foi perguntar ao rapaz novamente onde estavam o palácio e a princesa e, ao ouvir a música, ficou enfeitiçado. Mikhail pediu-lhe que o libertasse por um dia e uma noite e teria o que pedira de volta. O rei assentiu.

Mikhail pegou o anel e mandou que os homens lhe trouxessem de volta a princesa e o palácio. E assim foi feito. E qual não foi a surpresa da princesa ao acordar ao lado do marido! Ficou apavorada com o que lhe aconteceria. O rapaz foi até o rei para combinar qual castigo dariam à princesa, ao que o rei respondeu que apenas a repreenderia e depois os dois viveriam juntos para o resto da vida.

O antigo sonho de conquistar um reino

Os sonhos nos colocam em contato com realidades muito superiores, impensáveis para a dimensão humana. E fazem de histórias dos homens aventuras inesperadas. Como aqueles narrados nos textos sagrados.

Isaac já contava quarenta anos quando se enamorou de Rebeca, uma encantadora moça da sua tribo, e se casou com ela. Como não lhes nasciam os filhos, Isaac percebeu que Rebeca era estéril, o que era uma maldição para as mulheres à época. Como fosse apaixonado por ela, orou fervorosamente ao Senhor por sua mulher. E o Senhor comoveu-se diante de suas preces, e permitiu que Rebeca concebesse. Grávida, sentia-se mal e estranha, porque as crianças lutavam no seu ventre. Rebeca, tomada de tristeza profunda, lamentou-se de que, se fosse para gerar tais seres agressivos, preferiria permanecer estéril.

À noite, em suas preces ao Senhor, a pobre moça esperava por uma resposta para o que estava acontecendo. E o Senhor revelou:

— Duas nações estão no teu ventre, e dois povos se dividirão do teu ventre e um povo vencerá o outro, e o mais velho servirá ao mais novo.

Passado o tempo da gestação, chegou o tempo de dar à luz. Saíram-lhe do ventre inchado filhos gêmeos. O primeiro a nascer foi um menino que causou grande espanto, pois era vermelho, com o corpo todo coberto de pêlos, a quem deram o nome de Esaú. Segurando o pé do primeiro, nascia o segundo, de pele lisa, que recebeu o nome de Jacó. Imagine-se o grau de felicidade de que Isaac se sentiu possuído, já sexagenário, quando os meninos nasceram.

Já rapazes crescidos, Esaú interessou-se por caçadas e pelos espaços abertos, tornando-se perito caçador e exímio trabalhador do campo, ao passo que Jacó se transformara num homem simples, que preferia viver em ambientes fechados. O filho predileto de Isaac era Esaú, porque degustava suas caças, e o de Rebeca era Jacó. Numa noite, Jacó preparou como jantar um delicioso e aromático cozido de lentilhas. Quando Esaú chegou em casa, esgotado pelos duros afazeres do campo, sentiu o ambiente invadido por aquele precioso aroma, e pediu ao irmão que lhe deixasse comer um bocado daquela deliciosa iguaria, pois estava exausto e faminto.

Jacó, que já havia feito planos para aquele jantar, respondeu a Esaú que só lhe daria de comer se trocasse o ensopado pelo direito de primogenitura, condição que o irmão tinha, e era muito valiosa à época. Naquele tempo, o direito de primogenitura assegurava ao filho mais velho a autoridade de ser o chefe da família; o filho mais velho tinha um poder decisivo sobre os irmãos mais novos.

Esaú, percebendo a malícia de Jacó, fez-lhe uma pergunta capciosa:

—Você está querendo dizer que, comendo, eu estarei deixando de lado a condição de primogênito? Está feito!

Jacó, antes de entregar-lhe a iguaria, fez com que Esaú jurasse que estava dizendo a verdade, ao que Esaú, arrancando a vasilha da mão de Jacó, fez um juramento.

Terminada a refeição, Esaú vendeu-lhe o direito de primogenitura, o que pouco lhe importava. Levantou-se e partiu; sentia que saíra ganhando, pois comera o pão e o cozido de lentilhas, e bebera fartamente vinho, jantara do melhor de tudo.

Pouco depois sobreveio, porém, um tempo difícil naquela região, de fome. Lembrando-se da esterilidade devastadora no tempo de seu pai Abraão, Isaac partiu para comprar suprimentos, e para tanto foi encontrar-se com Abimelec, rei do povo inimigo, os filisteus, em Gerara.

E o Senhor apareceu-lhe e lhe disse:

— Não vás ao Egito, mas fica na terra que eu te disser. Habita nela como estrangeiro, e eu estarei contigo, e te abençoarei, porque darei a ti e à tua descendência todas estas regiões, cumprindo o juramento que fiz a Abraão, teu pai. E multiplicarei a tua descendência como as estrelas do céu, e darei à tua posteridade todas estas regiões, e na tua geração serão abençoadas todas as nações da terra, porque Abraão obedeceu à minha voz, guardou os meus preceitos e os meus mandamentos, observou as cerimônias e leis.

Isaac achou por bem permanecer em Gerara. Vendo o estrangeiro, os homens de Gerara o interrogaram acerca de sua mulher, que levara consigo, e ele respondeu:

— Trata-se de minha irmã.

Isaac resolvera mentir porque sentiu grande medo de que descobrissem que estava unido em matrimônio àquela bela mulher, e de que o matassem para possuí-la. Tendo passado largo tempo desde que se instalaram na cidade, Isaac, observando Abimelec por uma janela, para conhecê-lo melhor, foi surpreendido vendo-o brincando com Rebeca. Tendo-o chamado, disse-lhe:

— Não tenho dúvida de que esta moça é sua mulher. Por que você mentiu, dizendo que é sua irmã?

Isaac, vendo-se instado a declarar a verdade, respondeu:

— Tive medo de que me matassem por causa dela.

Abimelec discutiu sobre esta questão:

— Por que você mentiu para nós? Abusar de sua mulher poderia até acontecer; no entanto, esse abuso nos queimaria a alma como um pecado, e o estímulo a ter este incêndio na alma nos foi trazido por você.

Imediatamente ordenou a todo o povo:

— Que ninguém toque a mulher deste homem! Quem desobedecer será punido com a morte.

Então Isaac e sua mulher passaram a morar em Gerara; Isaac semeava a terra e recolhia safras enormes, cada vez maiores, abençoadas pelo Senhor. Isaac enriquecia como jamais sonhara antes. Seu sonho de homem simples fora multiplicado. Cada vez mais rico, Isaac ia expandindo assombrosamente os seus bens. Teve também possessões de ovelhas e manadas, e muitos servos. Os filisteus não suportavam mais a expansão das riquezas de Isaac, um estrangeiro. Invadidos pelo sentimento da inveja, porque Isaac enriquecia sem limites e se apossava, cada vez mais, do seu país. De tudo ele possuía a maior parte, de tudo que os servos de seu pai Abraão tinham construído. A situação requeria um diálogo, e Abimelec apressou-se em ir em direção daquele homem indesejado, com o intuito de expulsá-lo do país. Abimelec, encontrando Isaac, disse-lhe:

— Vá embora enriquecer no seu próprio país, porque você está tomando nosso país de nós com sua riqueza e seu poder.

Isaac retirou-se para fora de Gerara, e lá habitou. Repetia, como o pai Abraão, o ato inicial de abrir cada um aqueles outros poços, que os servos de seu pai haviam aberto outrora, e que, morto seu pai, os filisteus tinham antes tomado, e honrou seu pai dando-lhes os mesmos nomes que seu pai lhes havia dado. Sempre que cavavam os poços, achavam água viva, que jorrava fresca do solo profundo. Isaac encontrou-se com os invejosos pastores de Gerara, que contendiam com os pastores de Isaac, reclamando suas águas de volta:

— A água é nossa.

Desta briga veio o nome do primeiro poço, que a partir de então passou a chamar-se Calúnia. Ao iniciarem os trabalhos de abertura do outro poço, também por causa dele despertou a inveja dos filisteus, com quem teve rixas, e o poço passou a chamar-se Inimizade. Farto daquele ambiente hostil, partiu dali. Em novas terras abriu outro poço, e, ao contrário do que lhe acontecera antes, ninguém se acercou dele ou o incomodou, e assim aliviado chamou-o de Largura, dizendo:

— O Senhor me acudiu e me pôs ao largo, e nos abençoou com a água.

Ainda em busca de alcançar novas terras, subiu a Bersabéia. Como já era tarde, passou a noite lá, e quando suas pálpebras começavam a fechar, apareceu-lhe o Senhor, dizendo:

— Eu sou o Deus de Abraão, teu pai; não temas, porque estou contigo; eu te abençoarei, e multiplicarei a tua descendência, por causa do meu servo Abraão.

Assim, nestas terras erigiu um altar e, pedindo a bênção ao Senhor, invocou Seu nome, ergueu por lá a sua tenda e ordenou aos seus servos que se encarregassem de abrir o primeiro poço.

Não demorou muito para que Abimelec, seguido pelo general do seu exército, partisse de Gerara àquele lugar onde habitava Isaac. Surpreso, Isaac perscrutou:

— Qual o motivo de virem à minha casa, vocês que me odiaram, me perseguiram e me expulsaram do seu país?

Eles explicaram:

— Nós vimos que o Senhor é contigo, e por isso dizemos: haja juramento entre nós, e façamos aliança, para que tu não nos faças mal algum, assim como também nós não temos tocado nada do que é teu, nem fizemos coisa que te prejudicasse, mas te deixamos partir em paz, cheio da bênção do Senhor.

Isaac, em celebração ao pacto, festejou com um banquete a harmonia. Depois de terem comido e bebido, os filisteus levantaram-se pela manhã, repetiram de ambas as partes o mesmo juramento, reafirmando a convivência pacífica. Isaac os deixou ir embora para suas casas em plena paz. Neste mesmo dia, os servos compareceram à presença de Isaac, anunciando alegres suas conquistas na escavação do poço que tinham aberto, dizendo:

— Do poço jorrou a água!

Pelo significado que continha, Isaac declarou-lhe como nome a palavra Abundância, e à cidade foi posta a denominação de Bersabéia.

Uma antiga comédia de enganos

Isaac e Rebeca, pais de Esaú e Jacó, já estavam velhos e cansados. Isaac perdera a força e não mais enxergava como antes, estava quase cego, e sentia que a morte o rondava. Chamou ao seu leito o filho mais velho:

— Esaú, meu filho, onde você está?

O filho respondeu, acercando-se do leito do pai:

— Estou aqui, meu pai. Deseja alguma coisa?

Isaac, com a voz enfraquecida, disse ao filho:

— Como você pode ver, estou velho e não sei quantos dias ainda tenho de vida. Reúna suas armas, a sacola com flechas e o arco, e vá para o campo caçar. Assim que você conseguir matar alguma caça, por menor que seja, limpe-a e me prepare um guisado, aquele que você sabe que eu gosto. Quando estiver pronto, sirva-o numa tigela e traga-o para que eu o coma. Assim você receberá as bênçãos da minha alma antes que eu deixe este mundo.

Esaú ouviu as ordens do pai, muniu-se das armas e saiu de casa, encaminhando-se para os campos. Rebeca ouvira o diálogo entre eles, e, assim que Esaú saiu, chamou seu filho Jacó, que havia comprado o direito de primogenitura de Esaú, e espertamente o instruiu:

— Ouvi seu pai falar com Esaú, seu irmão, e dizer-lhe: "Traga-me da sua caça e faça-me um guisado para comer, para que o abençoe na presença do Senhor antes de morrer". Agora, pois, meu filho, siga os meus conselhos: vá ao rebanho e traga-me os dois melhores cabritos, para que eu faça deles a seu pai um daqueles pratos, de que ele come com vontade, e, quando o apresentar a ele e tiver comido, que ele o abençoe antes de morrer.

Jacó ponderou a Rebeca:

—Você sabe que Esaú tem o corpo coberto de pêlos, ao contrário do meu, que é liso. Caso meu pai toque na minha pele e me reconheça, tenho medo de que ele julgue que eu quis enganá-lo. Ficará furioso e será capaz de me amaldiçoar em vez de me abençoar.

Ao que Rebeca insistiu:

— Se por acaso seu pai o amaldiçoar, Jacó, que caia sobre mim essa maldição. Não pense em nada, meu filho; escute somente a minha voz de mãe e parta sem mais demora trazendo o que eu lhe pedi.

Obediente à mãe, Jacó deixou-a e se foi. Apanhou os cabritos e entregou-os à sua mãe, conforme ela pedira. Rebeca, então, preparou aquelas carnes, cozinhou o guisado como sabia ser do gosto do marido, com muito capricho. Chamou Jacó e vestiu-o com os mais belos trajes que Esaú possuía. Cobriu Jacó com as peles que retirara dos cabritos, envolveu suas mãos, para que parecessem peludas ao tato, e cobriu a parte nua do pescoço do filho. Feito isto, entregou-lhe uma vasilha repleta do fumegante e aromático guisado e os pães que havia assado para Isaac. Jacó fez como a mãe lhe pedira, levou a refeição ao pai e disse:

— Pai, acorde!

Isaac, estremunhando, respondeu:

— Estou ouvindo. Quem está me chamando?

Ao que Jacó replicou:

— Eu sou Esaú, o seu primogênito. Já voltei do campo com a caça e preparei o guisado do jeito que o senhor me pediu, bem suculento. Agora levante do leito, sente-se e sirva-se da minha caçada, para que sua alma me encha de bênçãos, meu amado pai.

Estranhando a rapidez com que tudo fora executado, desde a

caçada até o preparo do guisado, Isaac interrogou o filho outra vez:

— Mas você saiu à caça há pouco; como foi capaz de preparar tudo tão depressa assim, meu filho?

Jacó tentou encobrir a verdade, respondendo:

— Foi pela vontade de Deus que eu depressa consegui avistar a caça, acertá-la, trazê-la e prepará-la ao seu gosto.

Isaac, desconfiado, chamou Jacó:

— Aproxime-se de mim, bem aqui, meu filho, para que eu possa tocá-lo e ter certeza de que é você meu filho Esaú, ou não.

Jacó, temeroso, chegou bem perto do pai. Isaac apalpou-o e concluiu:

— Pela voz que ouço, reconheço verdadeiramente a voz de Jacó, mas estas mãos não são as de Jacó, porém de Esaú.

O estratagema de Rebeca dera resultado. Isaac não o reconheceu, porque as mãos peludas, cobertas com a pele dos cabritos, eram semelhantes às do filho mais velho. Desta maneira, deu-lhe suas bênçãos e ainda perguntou:

— Você é o meu filho Esaú?

Jacó, já aliviado, reconfirmou:

— Sim, meu pai, sou eu mesmo, como você viu.

Convencido de que se tratava de Esaú, Isaac pediu ao filho:

— Coloque a vasilha na mesa para que eu coma dos guisados da sua caça, meu filho, e assim a minha alma te abençoará. Prontamente, Jacó serviu a refeição farta e cheirosa que Rebeca havia preparado e serviu-lhe vinho. Depois de deliciar-se e de beber, Isaac lhe disse:

— Chegue bem perto de mim e me dê um beijo, meu filho.

Jacó fez o que o pai lhe pedira e beijou-o carinhosamente. Isaac, com a proximidade do filho, logo sentiu o odor que emanava de seus vestidos. Abençoou-o outra vez:

— Eis que o cheiro de meu filho é como o cheiro dum campo florido que o Senhor abençoou. Deus lhe dê do orvalho do céu e da fertilidade da terra a abundância de trigo e de vinho. Os povos o sirvam, e as tribos o reverenciem; seja o senhor de teus parentes; inclinemse diante de você os filhos de sua mãe. Aquele que o amaldiçoar, seja amaldiçoado, e o que o abençoar, seja cumulado de bênçãos.

Este sonho — sentir-se plenamente amado — faz parte daqueles que perduram pelos séculos, e Jacó sentiu a intensidade do amor paterno.

No instante em que Isaac tinha acabado de falar, Jacó se retirou por uns instantes, e nisto chegou Esaú das suas caçadas. Preparou e temperou as carnes e cozinhou o guisado. Dirigiu-se ao quarto do pai com a vasilha cheia daquela comida, dizendo:

— Meu pai, levante-se dessa cama para que eu possa servi-lo do guisado que preparei com a minha caça, de acordo com seu pedido, e assim sua alma me abençoará.

Isaac espantou-se:

— Quem está se dirigindo a mim?

Esaú respondeu:

— Sou eu, o seu primogênito Esaú.

Isaac ficou aturdido com aquela revelação e, tomado de um espanto extraordinário, quis esclarecimentos. Perguntou a Esaú, admirando-se:

— Mas quem será então aquele que há pouco me trouxe uma vasilha de guisado, feito da caça que apanhou, para que eu comesse, e eu comi antes que você chegasse? Dei-lhe minhas bênçãos e ele será bendito.

Esaú, ouvindo estas palavras do pai, ficou profundamente consternado e gritou com grande clamor:

— Também quero receber a sua bênção, meu pai. Abençoe-me!

Isaac, depois de pensar muito bem naquilo tudo, concluiu:

— Esaú, o seu irmão Jacó veio até mim, fraudulentamente, e recebeu a bênção que era sua, pois é você meu filho primogênito.

Esaú tristemente prosseguiu:

— Com toda propriedade e razão ele recebeu o nome de Jacó, porque pela segunda vez ele me superou. Da primeira vez, retirou o meu direito de primogenitura, e agora espertamente teve a coragem de roubar a minha bênção.

E, inconformado, Esaú repetiu o pedido ao pai:

— Por acaso o senhor não guardou uma bênção também para mim?

O pobre velho, desolado, respondeu:

— Eu o constituí seu senhor, e sujeitei à sua servidão todos os seus irmãos; estabeleci-o na posse do trigo e do vinho; depois disso, meu filho, que te posso eu fazer?

Esaú não desistia:

— Por acaso, meu pai, o senhor possui apenas uma só bênção? Eu lhe rogo que me abençoe também, meu pai! Estou suplicando!

Dito isso, Esaú rompeu num pranto sentido. Seu pai, comovido com o a emoção do filho, disse-lhe:

— Na abundância da terra e no orvalho do alto do céu estará a tua bênção. Você viverá da espada, e servirá a seu irmão; porém virá o tempo em que você sacudirá e desatará o jugo da sua cerviz.

Se já se odiavam desde o ventre materno, o ódio de Esaú por Jacó avolumou-se consideravelmente, pela bênção paterna que lhe roubara. A única maneira de recuperar seu direito de primogênito era a morte de Jacó. Esaú planejou vingança, dizendo no seu coração:

— Meu pai está prestes a morrer, e os dias de luto estão por vir, e então matarei Jacó, meu irmão.

Rebeca veio a saber do ódio de Esaú contra seu irmão, e que ele pretendia assassiná-lo. Sentindo o perigo de vida que o rapaz corria, mandou chamar seu filho Jacó e o aconselhou:

— Eis que Esaú, seu irmão, ameaça que o há de matar. Agora, pois, meu filho, ouça a minha voz e fuja ligeiro para junto de Labão, meu irmão, em Harã; habitará com ele algum tempo, até que se aplaque o furor do seu irmão, cesse a sua indignação, e ele se esqueça do que você lhe fez; depois mandarei lá alguém e farei que o conduzam de lá para aqui. Por que hei eu de perder ambos os meus filhos num só dia?

Restava a Rebeca convencer o marido através de algum pretexto para a partida de Jacó. Arquitetou que Jacó precisava se casar com uma moça da sua tribo, indo para a Mesopotâmia, porque Esaú não o fizera; ele tinha conhecido e se casou com Judite, da tribo dos heteus.

Rebeca dirigiu-se, então, a Isaac, dizendo-lhe:

— Tenho estado muito desgostosa da vida por causa do casamento de Esaú com uma das filhas de Het. Se Jacó também se casar com uma mulher da linhagem desta terra, perderei definitivamente o ânimo de viver.

Preocupado com a tristeza da mulher, Isaac concordou. Chamou Jacó, deu-lhe sua benção paterna, contou das preocupações de sua mãe e deu-lhe esta ordem, dizendo:

— Não se case com nenhuma mulher nascida nas terras de Canaã, o que pode vir a entristecer sua mãe, mas parta desta terra e encaminhe-se para a Mesopotâmia da Síria, para a casa do seu avô Batuel, pai de sua mãe, e, entre as moças que lhe agradarem, tome uma por mulher, de preferência entre as filhas de Labão, seu tio. Que o Senhor onipotente o cubra de bênçãos para que você consiga seguir seus passos e tenha muitos filhos com a sua mulher, para que se multipliquem e você seja pai duma multidão abundante de povos. Que o Senhor dê a você e aos seus descendentes todas as bênçãos que deu ao patriarca Abraão, para que seja sua e do seu povo a terra onde vocês viverem como peregrinos, a terra que Deus prometeu ao seu avô.

Assim abençoando-o, o velho Isaac despediu-se de Jacó. O rapaz logo partiu e dirigiu-se para as terras onde habitavam seus parentes, para casa de Labão, filho de Batuel, irmão de Rebeca, sua mãe.

Esaú ouvira os conselhos do pai ao irmão, vira que havia conclamado ao Senhor para que abençoasse Jacó, e o havia instado a partir logo para a Mesopotâmia, para procurar uma mulher da sua descendência e com ela se casar. E ouviu também as palavras de ordem que seu pai dissera a Jacó depois da bênção, que eram:

— Você não se casará com nenhuma filha de Canaã.

Esaú assistiu à partida de Jacó, que, obedecendo às ordens dos seus pais, partira para a Síria. Através daquela conversa, pôde ouvir também que seu pai, como a mãe, não tinha boas impressões das filhas de Canaã, entre elas sua mulher. Esaú, então, foi à casa de Ismael, irmão de seu pai, e, além das mulheres que já possuía, pediu em casamento Maelet, filha de Ismael, filho de Abraão.

Jacó continuava sua viagem; havendo partido de Bersabéia, tomava a direção de Harã. Estava cansado, suas pernas doíam, então procurou um lugar onde pudesse pousar durante a noite. Encontrou um bom local e, depois que o Sol se pôs, apanhou uma das pedras que se amontoavam por lá, colocou-a debaixo da cabeça como um travesseiro, acabou adormecendo profundamente.

Nessa noite teve um sonho: via uma escada muito alta, disposta sobre a terra, e seu topo alcançava o céu; por ela subiam e desciam os anjos de Deus. Viu também que o Senhor estava apoiado na escada e lhe dizia:

— Eu sou o Senhor Deus de Abraão, teu pai, e Deus de Isaac; darei a ti e à tua descendência a terra em que dormes. A tua posteridade será como o pó da terra; dilatar-te-ás para o ocidente, para o oriente, para o setentrião e para o meio-dia; serão abençoadas em ti e na tua geração todas as tribos da terra. Eu serei o teu protetor para onde quer que fores, reconduzir-te-ei a esta terra, e não te abandonarei sem cumprir tudo o que disse.

Jacó despertou durante a noite com uma sensação estranha e disse:

— Senti a presença verdadeira do Senhor, que está neste lugar, e eu não sabia disso! — E, com a alma invadida pelo pavor, concluiu: — Que lugar terrível é este onde vim parar! Não existe por aqui outra coisa que não sejam a casa de Deus e a porta do céu.

Jacó, levantando-se daquele chão, ao amanhecer, removeu a pedra debaixo da cabeça que lhe servira de travesseiro, e ergueu-a num altar singelo que fez, e derramou óleo sobre ela, ungindo-a. E passou a chamar de Betel a cidade que antes chamava de Lusa.

Prosseguindo com sua cerimônia, Jacó fez seus votos e disse:

— Se Deus estiver comigo, e me proteger na viagem que empreendi, e me der pão para comer e vestido para me cobrir, esta pedra, que erigi em altar, será chamada casa de Deus; e de todas as coisas que me deres te oferecerei, ó Senhor, o dízimo.

Este relato bíblico é de grande riqueza e profundidade, como muitas das passagens do livro sagrado. Se a esta conclusão chegaram, é porque nele estão escritas histórias que, como toda obra esmerada, se comunicam diretamente com a nossa própria alma, pois é a ela que fala.

Maomé

Maomé, na verdade, é a abreviatura do nome do homem que nasceu em Meca, por volta do ano 570. Aboulquacim Mohamed bem Abdallah bem Abdelmothtalib el Hachimi é seu verdadeiro nome, pelo qual é menos conhecido.

Desde menino, Maomé era uma criança diferente, meditativa. Seu tio já o dispensara das caravanas por considerá-lo mais sonhador que comerciante, o que de nada lhe valia. O distraído menino era considerado um sonhador, diziam uns; um poeta, elogiavam outros; um herege, reagiam; ou senão tratava-se simplesmente de um menino sem juízo. De nada adiantaram os anos que passou como pastor dos rebanhos para dar-lhe senso de realidade. Ao contrário: aproveitava o silêncio das pastagens, a sonoridade do vento sobre as folhas, o imenso horizonte à frente para deixar-se ficar, introspectivo, em seu mundo.

Já ouvira contar na sua tribo sobre a tradição segundo a qual a Caaba tinha sido entregue a um profeta pelo anjo do Senhor, e que fora violentada pelos pecados humanos. Diziam que sua origem era divina, pois a tinham colhido no céu. Na verdade, a Caaba era um templo existente em Meca; como diz a mitologia árabe, foi construída por Adão: era um cubo de pedra, da cor negra, talvez semelhante a uma espécie de meteorito ou senão um tipo de pedra-pomes, ou ainda, quem sabe, era um basalto vulcânico. Embora tivesse origem controvertida, o fato unânime é o de que era adorado.

Desenvolvia-se cada vez mais em Maomé a tendência à meditação, facilitada por uma vida nômade, que o levava a ter contato com os homens que liam e pregavam as palavras sagradas, e também com os romeiros que se dirigiam a Meca para reverenciar a Caaba.

Maomé costumava ter longas e quase intermináveis conversas com eremitas, como Zaid-Ibn-Anir, um dissidente da religião tradicional que habitava uma caverna do monte Hira.

O sonhador dava longas e lentas caminhadas pelos arredores, com o pensamento distraído. Já tinha se casado com a mulher que amava, que lhe havia dado muitos filhos, mas permanecia, entretanto, como um homem solitário, vivendo num mundo à parte.

Certo dia foi assombrado por visões que se repetiam! Seria algum ser invisível, desconhecido?, pensava ele, mesclando o que sabia das tradições do deserto com outras histórias que aprendia com os homens do livro. Ou talvez um anjo?

— Acredito que estou possuído por um ser invisível — confidenciou a Kadidja, sua mulher — e nem sequer tenho conhecimento se se trata de um gênio bom ou de um demoníaco.

— Possesso? — indagou Kadidja. — Não penso assim, acho-o bastante normal.

— Ah! Como me assombra essa visão o dia inteiro e a noite inteira, atrás de mim, junto de mim... São poucas as horas em que me vejo sozinho. Será um gênio do bem?

— Podemos saber. Quando ele aparecer, fique bem perto de mim.

— Para quê? Vou me esconder atrás de suas saias?

— Quem sabe?

Maomé olhou-a ofendido, pensava que ela estava brincando com ele, tratando-o como uma criança. Mas, quando o espírito apareceu, Maomé correu para perto da mulher. Ela o cobriu com o manto com que estava vestida. Como não lhe era dado ver o gênio, perguntou a Maomé:

— Você consegue descrever melhor esse gênio?

— Não consigo enxergá-lo mais. Quando você me envolveu com seu manto, ele baixou a cabeça e rapidamente se foi.

— Então, esposo meu, trata-se de um gênio bom, talvez um anjo do Senhor.

— Por que sinal sabe que é bom?

— Porque não se trata de um ser maligno, pois respeita as mulheres. Afirmo-lhe isso porque ele aceitou a barreira da intimidade, simbolizada pela saia que eu usei quando me pus de barreira entre ele e você. Só pode se tratar de algo bom, que traz o bem às pessoas, o que ele demonstrou pela sua atitude. Fique sossegado. Tenha absoluta certeza das minhas palavras: ele não lhe fará mal.

Maomé, analisando melhor o que a mulher falou, pensou: "Maldades talvez ele não me faça, mas sua aparição por si me causa grande mal. Minha natureza é aquietada, meditativa, mal vejo o que se passa à minha volta, quando de repente sou assombrado por um ser que ignoro o que seja!".

Seguiu-se que Maomé não teve mais visões; aquela aparição que tirava seu sossego sumira. Sentia-se então mais aplacado em suas inquietações, e então Maomé pôde retornar à sua vida característica, de sonhos e de contemplações da natureza. Sentia-se novamente aliviado, habitando seu mundo próprio, sonhador. Assim o homem reiniciou as longas caminhadas sem rumo e as meditações, sem que o gênio aparecesse à sua volta. Mas ainda mostrava um certo receio, uma vez que ainda não tinha certeza se era um enviado dos céus ou dos infernos.

Foi ao monte Hira, conversou longa e profundamente com o sábio eremita Zaid-Ibn. Despediu-se do homem e logo se sentou sobre uma pedra, olhando para a Lua, com o coração cheio de amor, a alma plena de paz, a cabeça cheia de sonhos.

Foi esse momento que o ser que o havia deixado em paz escolheu para fazer sua entrada surpreendente. Acercou-se dele, portando um papel na mão, e ordenou-lhe:

— Lê!

Maomé foi arrancado das suas meditações, com o susto. Confuso, sem conseguir compreender aquela situação, Maomé pôs-se em pé e, recuando, clamou:

— Não posso! — balbuciou, com a voz rouca.

O anjo mostrou-se sério e, entregando-lhe o papel, foi ainda mais imperativo:

— Lê!

Para convencê-lo de vez, o anjo levantou-o pelo pescoço, sacudindo-o impiedosamente com uma das mãos e segurando o papel com a outra.

— Vai tratando de ler, antes que eu perca a paciência! — que, afinal, era o que ele não tinha.

E aí Maomé leu:

Prega em nome do Senhor
que criou o homem do nada;
aprende que o teu Senhor é o mais
generoso, e ensinou ao homem o que
ele não sabia.

Maomé ficou abismado, todos os sentidos pareciam-lhe enfraquecer. E, com voz trêmula, perguntou:

— Eu...? Pregar...? Nunca... nunca preguei antes... Quem acreditaria em mim? Quem me seguirá? — murmurou. — Por que fui eu o escolhido? Ah! Meu Senhor, eu não sou digno!

O profeta se mostrava totalmente perplexo. Ele concordava com a imortalidade da alma, acreditava no juízo final, na recompensa para os justos e na punição dos maus. Seu Deus era o único, onisciente, onipotente, justo e misericordioso. Antes que começasse a proclamar todos os dons encantadores do Deus Vivo, começou a orar no seu quarto silencioso e a adorá-lo da maneira que aprendera com o anjo, que, afinal, condescendera em reaparecer-lhe.

Foi quando aconteceu a formosa visão de Maomé, que pode ter tanto o significado de sonho, de delírio, ou de êxtase.

Numa determinada noite, em que já contava 40 anos, Maomé teve uma outra visão: apareceu-lhe um enorme anjo celestial, cercado de uma corte de anjos de asas brilhantes e de túnicas fulgurantes. Diante do anjo vinha a camela branca Borac, o Raio, com cabeça humana e asas de águia.

Maomé não teve um segundo de dúvida sobre o que deveria imediatamente fazer. Montou rapidamente e o animal partiu, como um relâmpago. O anjo os acompanhava e os protegia, voando acima deles com suas imensas asas largamente abertas, que tinham antes acompanhado, da mesma forma, Moisés no monte Sinai, onde Deus lhe falara e lhe entregara as Tábuas da Lei. Estiveram presentes também em Belém, iluminando suavemente a estrebaria onde nasceu Jesus. E o mesmo haviam feito nas ruínas do templo de Salomão.

Então, surgiu, portentosa e magnífica, a escada de Jacó, contornada pelo esvoaçar suave dos anjos. Por ela Maomé atingiu os céus, que eram sete ao todo.

Ficou perplexo quando se deparou com os sete céus! De ouro e brilhantes, de luz e de sonho. Ouvindo a música celeste que vinha das esferas, todos os anjos, arcanjos, seres de elevadíssima luz, vestidos com reluzentes túnicas brancas, exaltavam a glória de Deus. Inclinado diante dos profetas, Maomé adorou Jesus.

Israel, o anjo poderosíssimo, lá estava, tão grande que havia uma distância de setenta mil dias entre seus dois olhos. Num canto, o anjo das lágrimas chorava amargamente sobre as tristezas dos homens. E o anjo da vingança emanava calor em seu trono de fogo, e o anjo da castidade emanava pureza em seu trono de neve. E o anjo da caridade acolhia suavemente em seu trono de veludo azul, cercado de rosas delicadas. Havia ainda muitos e variados anjos, de categorias piedosas. E todos cantavam em louvor ao Senhor Deus.

Numa fração de segundo, Maomé, fascinado, atravessou mares azuis, locais de luz ofuscante, as chamas do fogo, o frescor do ar, a limpidez da água, a solidão do vazio. Eram separados por anos e anos de marcha de uma velocidade tão incrível que passa a ser inimaginável. Foi então que Maomé atingiu a região suprema, onde setenta mil coros de anjos cantavam suavemente, e prostrados conservavam-se em adoração ao Criador. Deu-se o acontecimento máximo e glorioso: o profeta encontrou-se com o Criador. E ambos permaneceram juntos durante setenta mil dias, usando setenta mil palavras para falar. Feito isso, deixou-se estar completamente prostrado diante de Deus. Foi o êxtase final. Foi um extático desfalecimento que o próprio Maomé não se disse capaz de reproduzir em palavras. Então Maomé desceu novamente à terra pela escada de Jacó. Montado na camela branca, foi trazido de volta a Meca. Isso foi chamado de Ascensão Noturna do Profeta. Havia feito a viagem usando o corpo ou fora em espírito? — indagavam os que acreditavam nesta proposição.

Diz a lenda que a viagem teve tal velocidade que Maomé pôde segurar, antes que se derramasse a água, uma jarra que o anjo do Senhor deixara cair batendo as asas ao partir.

Esse sonho durou uma fração de segundo, mas foi densamente vivido. Foi um momento de total esplendor, como receber um valioso e único presente distraidamente, sem esperar. O sonho não é prisioneiro do tempo, é atemporal. Rebela-se com a prisão do tempo e adentra por uma nova esfera, a da intensidade e do fervor que possuem as almas humanas.

O sonho de Maria

A doce Maria era uma moça singela e pura que morava na distante cidade de Nazaré, na Galiléia, há muito tempo atrás. Maria era ainda muito nova, compassiva e de temperamento brando, e tinha sido prometida a José, um homem bondoso e muito piedoso. Ambos se tratavam carinhosamente e ela o servia em tudo o que precisava.

Passavam-se os dias e José, que exercia a modesta profissão de carpinteiro, trabalhava com afinco. Ele e Maria tinham acabado de celebrar as núpcias; no entanto, o casamento ainda não havia sido consumado. A moça ainda não se tornara mulher, portanto mantinha a virgindade intacta. Ela permanecia em casa, cuidando dos afazeres domésticos, sempre com o pensamento elevado ao Senhor.

Numa certa noite, Maria fazia suas preces a Deus, quando viu uma luz intensa aproximando-se da janela. Entrou um anjo resplandecente onde ela estava, e disse-lhe:

— Que Deus te abençoe, virgem cheia de graça, pois o Senhor está contigo.

Maria ficou muito perturbada com o que ouvira, pois não conseguia apreender o significado do que o anjo lhe dissera. O anjo, vendo sua insegurança, disse-lhe:

— Não temas, Maria, pois achaste graça diante de Deus; eis que conceberás no teu ventre e darás à luz um filho, a quem porás o nome de Jesus. Este será grande, será chamado Filho do Altíssimo e o Senhor Deus lhe dará o trono de seu pai Davi; reinará sobre a casa de Jacó eternamente, e o seu reino não terá fim.

Maria se mostrou mais confusa e continuou:

— Mas como isso acontecerá, se sou virgem?

O anjo explicou-lhe como se daria a concepção:

— O Espírito Santo descerá sobre ti e a virtude do Altíssimo te cobrirá com a sua sombra; por isso mesmo o Santo que há de nascer de ti será chamado Filho de Deus. Eis também que Isabel, tua parenta, concebeu um filho na sua velhice; e este é o sexto mês da que se dizia estéril; porque a Deus nada é impossível.

Fervorosamente, disse Maria:

— Senhor, eis aqui a tua serva. Que o Senhor Deus aja em mim conforme o anjo me falou.

E o anjo afastou-se dela, subindo aos céus.

No dia que se seguiu à anunciação do anjo, Maria acordou, levantou-se, cobriu-se com suas vestes e dirigiu-se com muita pressa para os lados das montanhas, até alcançar a cidade de Judá, onde vivia sua parenta. Encaminhou-se à casa de Zacarias, marido de sua prima, entrou e cumprimentou Isabel, que estava grávida de seis meses. Inundadas de alegria, elas se abraçaram, saudando-se em nome do Senhor. Enquanto estavam abraçadas, Isabel ainda ouvia a saudação de Maria, quando a criança que tinha no ventre saltou, e Isabel sentiu-se plena do Espírito Santo. Exclamou ela em alta voz:

— Bendita és tu entre as mulheres e bendito é o fruto do teu ventre. Donde a mim esta dita, que a mãe do meu Senhor venha ter comigo? Porque, logo que a voz da tua saudação chegou aos meus ouvidos, o menino saltou de alegria no meu ventre. Bem-aventurada a que acreditou, porque se hão de cumprir as coisas que da parte do Senhor te foram ditas.

A Virgem Maria então, com a alma comovida, entregou-se à obra divina através deste cântico esplendoroso e cheio de alma, que passou a se chamar *Magnificat*:

Minha alma engrandece o Senhor,
e meu espírito exulta em Deus, meu Salvador,
porque olhou para a humilhação de sua serva.
Sim! Doravante as gerações todas
me chamarão de bem-aventurada,
pois o Todo-Poderoso fez grandes coisas em meu favor.
Seu nome é santo
e sua misericórdia perdura de geração em geração,
para aqueles que o temem.
Agiu com a força de seu braço.
Dispersou os homens de coração orgulhoso.
Depôs poderosos de seus tronos,
e a humildes exaltou.
Cumulou de bens a famintos
e despediu ricos de mãos vazias.
Socorreu Israel, seu servo,
lembrado de sua misericórdia
— conforme prometera a nossos pais —
em favor de Abraão e de sua descendência, para sempre!

Este foi o amor com que o Salvador da humanidade foi concebido. Deus entrelaçou o amor divino com o amor humano; na mais pura das fontes o Senhor colocou sua semente mais pura e sagrada, e a regou com suas bênçãos. E ela frutificou, fazendo vir ao mundo seu Filho, através da pureza e da castidade.

Os castelos no ar

Há quinhentos anos, Gil Vicente, o criador do teatro português, escreveu e pôs em cena os episódios do *Auto de Mofina Mendes*.

A cena começa com a entrada de pastores que aludem à pastora de modo nada elogioso. Em coro, falam das más qualidades dessa moça doida. Ela era responsável pela desorganização ocorrida com os animais. Se o burro tem contusões, era por relaxamento da Mofina; se as ovelhas haviam desaparecido, era culpa de Mofina; se a mula mancasse, era porque Mofina lhe batera; se os porcos morriam de inanição, lá vinha o nome de Mofina. Enfim, tudo o que acontecesse de errado era culpa de Mofina Mendes: o lobo que comera as vitelas e as vacas, o trigal que secara, a farinha que mofara, os cabritos devorados pela raposa, as ovelhas que perdiam a lã, os carneiros que se afogaram e os cães que morreram.

— De quê?

— Sei lá. Pode ter sido o ar da bruxa feiticeira.

— Ou ar do vento — disse um.

— Ou ar da Mofina.

Um dos pastores exclama:

Paio Vaz, se queres gado,
dá ao demo essa pastora:
paga-lhe o seu, vá-se embora
ou má-hora, e põe o teu em recado.

Paio Vaz aceitou o conselho. Nessa mesma tarde, recolheu os animais, chamou Mofina e lhe disse:

— Tens sido minha criada, mas tua falta de zelo me arruína. Vai-te embora, pois, pastora, e, como pagamento do teu esforço, leva um dos potes de azeite. Vai para a feira tentar vendê-lo e guarda o dinheirinho como o dinheiro que te devo. Apesar de que tu mais devastaste e erraste do que trabalhaste.

— Fiz o que pude, meu patrão.

— Quem dera fizesses menos. Mas agora vai! Leva o azeite. Quem sabe seja esse um bom começo para iniciares a tua vida.

— Vou-me à feira de Trancoso — disse ela alegremente. — E logo mais, senhor Paio Vaz, pelo santo nome de Jesus eu conseguirei ganhar bastante dinheiro.

E lá se foi Mofina Mendes para a feira, com o pote cheio de azeite na cabeça, e esta, plena de sonhos de riqueza.

Começou a calcular os futuros rendimentos:

Do que este azeite render
comprarei ovos de pata,
que é a coisa mais barata
que eu de lá posso trazer;
e estes ovos chocarão;
cada ovo dará um pato,
e cada pato um tostão,
que passará de um milhão
e meio, a vender barato.
Casarei rica e honrada
por estes ovos de pata,
e o dia que for casada
sairei ataviada
com um brial de escarlata,
e diante o desposado,
que me estará namorando:
virei de dentro bailando
assim destarte bailado,
esta cantiga cantando.

E isso dizendo, Mofina dirigiu-se contente à feira, e de súbito escorrega, o pote de azeite cai no chão e se quebra, derramando-se todo o conteúdo. Lá estava numa poça a pretendida fortuna.

O pastor Percival, vendo esse despautério, glosou:

—Vendo isso, posso confirmar, para quem quiser eu juro que esta é Mofina Mendes que ela sempre foi. Se ela sonhava com um casamento que ainda não aconteceu, quer vender patos que ainda não nasceram, pois o azeite ainda não vendera, só pode ser ela.

Um frade, que a tudo assistiu, comentou:

Três coisas acho que fazem
ao doido ser sandeu:
uma ter pouco siso de seu,
a outra, que esse que tem
não lhe presta mal nem bem:
e a terceira,
que endoidece em grã maneira,
é o favor (livre-nos Deus)
que faz do vento cimeira,
e do toutiço moleira,
e das ondas faz ilhéus.

Não tem jeito no que diz, nem acerta no que faz. Não sonheis, pois, como a Mofina, que o porvir vós não sabeis.

A história de Gil Vicente tem quinhentos anos. Esta outra, que veio da Índia, dizem os entendidos, tem de dois a três mil anos. Conta-nos que o brâmane Svabacripana comprou um enorme pote de barro para guardar farinha e depois vendê-la por um preço mais alto. Havia ganhado muitas esmolas e assim pôde armazenar uma grande quantidade. Colocou o vasilhame ao lado da cama, mas seus criados ladrões entraram no quarto e furtaram uma quantidade de farinha.

À noite, já deitado, antes de adormecer, contemplava este bem inestimável. Um dia, estendido na cama, ele acariciava com o dedão do pé o liso e firme bojo do pote. Começou a devanear.

— Se vier uma escassez, a produção aumenta de preço e então venderei esta farinha por cem moedas de prata, e com o dinheiro comprarei duas cabras. Como elas têm crias a cada seis meses, eu terei um grande rebanho. Se eu vender o rebanho, poderei comprar vacas. E depois búfalas. Com a venda das búfalas, comprarei éguas que me darão muitos potros. Com estes eu farei fortuna, os cavalos têm muito valor e são muito procurados. Aí então guardarei um monte de ouro num baú trancado, e todos saberão que eu sou muito rico. Algum ricaço me procurará e me dará a mão de sua filha em casamento.

Poderei então ter um menino ao qual darei o nome de Somazarman. Quando ele crescer, montará no mais bonito dos meus potros; este não venderei, guardarei só para mim. Eu direi à minha mulher: "Cuida desse menino, não quero que ele brinque com o meu potro de estimação". A mulher ficará zangada, me chamará de egoísta, que quero tudo só para mim, e que desprezo meu filho. Ela insistirá para que o menino monte só um pouco, mas eu me oporei. Direi a ela que ou monta de uma vez ou não monta. Ela me dirá para deixá-lo montar de uma vez e me repreenderá, me chamando de avarento, mandando que eu guarde o meu cavalo na gaveta ou no bolso.

Svabacripana saltou da cama depressa, calçou os sapatos e gritou:

— Vou dar um bom pontapé nessa turrona.

Tão excitado estava que sem querer tropeçou no pote, quebrando-o e esparramando a sua sonhada riqueza em forma de poeira branca por todos os cantos do quarto.

Essa história viajou muito. Tanto que chegou ao Brasil, ao interior paulista, onde vamos encontrar um pai de família roceiro, sonhador, que os há em todos os níveis e lugares.

E dizia esse Jeca Tatu:

— Eu vou comprar a égua do compadre Nico...

— Com que dinheiro? — perguntou a mulher com ironia.

— Tenho uma plantação de cana bem perto do pé do morro, lembra?

— Você já cortou os pés?

— Amanhã eu corto todos.

— É. E então vai vender a cana e amanhã vai comprar a égua.

— Se o compadre não pedir muito dinheiro por ela. Esse compadre Nico é meio explorador. Se a égua vier prenha, vai nascer um potrinho bonito. Os cavalos do compadre são de primeira linha.

Aí o filho do Jeca, que havia escutado tudo, se entusiasmou de repente e gritou:

— Quando o potro crescer, eu vou montá-lo, pai?

O matuto não conversou. Deu um tapa no menino e bradou:

— Ô, seu pestinha, já tá querendo matar o potrinho?

Alice no País do Espelho

Se quisermos refletir sobre *Alice no País do Espelho*, poderemos pensar em três pontos:

Primeiro, simbolicamente, com a pessoa mirando seu reflexo, o entendimento e a verdade sobre si.

Segundo, pela semelhança com os contos de fada, com todo um conjunto de provas, até chegar o protagonista à sua vitória, neste caso revelada pela coroa de ouro de rainha sobre a cabeça de Alice.

Terceiro, e último, a transfiguração da Rainha Vermelha, como segue:

Alice colocou a Rainha Vermelha sobre os seus joelhos e começou a dar-lhe uma valente surra. Mas a Rainha não opôs a menor resistência. Simplesmente foi se transformando. Seu rosto foi se tornando redondinho, seus olhos aumentando de tamanho, foram ficando verdes. À medida que Alice a surrava, ela ia ficando mais gordinha, mais suave ao tato, até que... a Rainha Vermelha se transformou efetivamente num gatinho.

Reflexão de Alice:

Só não sabemos ainda quem sonhou todas essas coisas, se o Rei Vermelho ou eu, embora eu também tenha participado do seu sonho.

Releitura de *Alice no País das Maravilhas*

O mais conhecido e o mais formoso dos sonhos aconteceu em duas etapas: *Alice no País das Maravilhas* e *Alice no País do Espelho*, ambos de Lewis Carroll.

Ao lermos como uma história infantil, pensaremos ser os sonhos de uma menina contados de maneira tão clara, tão igual, tão lisa, tão espontânea, que são como se a própria Alice os contasse. É claro que a menina deve tê-los contado, não assim, com enredo, seguido, o que ficou por conta do autor.

É possível que se pense tratar-se de recordações da infância do autor, tão verdadeira parece a história. Qual de nós se lembra ainda da criança que foi? Talvez algum eleito. Talvez Lewis Carroll.

O relato que parece simples tem uma mensagem perspicaz, um tanto leve, significativa e verdadeira, e, mesmo indo além dos limites da veracidade, não se faz paradoxal. É pura realidade, aquelas realidades interiores, misteriosas, plenas de verdades que não captamos com as nossas reservas mentais, mas que captamos também com a mente.

Há muito de psicologia na história, e pode-se fazer o retrato profundo e veloz da menina, por meio das várias seqüências dos sonhos, tantas cenas e tão diferentes. É também possível outra leitura para retratar essa menina por meio dos diálogos que travam sucessivamente. Porque a história é viva, exata, real, humana, subconsciente, sonho e poesia.

Inicialmente, o autor conta sobre o estado de ânimo com que inicia o livro, e de como a protagonista calmamente participa de um cenário bucólico.

A tarde é quente, o barco cruza o rio, ao longe, suavemente. Muito agradável seria deixar vaguear a mente pelo reino da fantasia...

É uma viagem ao reino da ilusão, conta-nos o escritor, na defensiva. Alerta aos leitores que nada aconteceu, é apenas um retorno à infância. Declara que todas essas linhas são mera fantasia. Foram escritas para uma amiguinha.

— Mas a amiguinha não impedirá que as outras crianças leiam essa historinha sem lógica.

Podem ser rebatidas essas afirmações, mas o que aqui nos interessa é tentar entender o enigma da emoção transmitida por essa história, e da sua longa vida através dos tempos. Pois que são retalhos de vida, Alice é viva e a história continua viva.

Alice estava, pois, deitada na relva, à margem do rio, com muito sono, mas não queria de jeito nenhum dormir. Não queria, mas dormiu, e nem tomou consciência de que tinha entrado em clima de sono. Ela não sabia — nós sabíamos —, pois nesse momento apareceu o Coelho Branco. Alice não se espantou que o coelho falasse e se vestisse, o que é natural em sonhos. Disparando atrás do Coelho, entrou numa toca e caiu num poço fundo. Quem ainda não teve em sonho a sensação de queda e de vôo?

Coisas estranhas acontecem. A menina, a certa altura, comenta:

— Que coisas mais esquisitas acontecem hoje! Ontem tudo era normal. Terei mudado durante a noite e já não serei Alice? Seria eu mesma, quando acordei esta manhã? Não sei, como saber? Creio que me senti um pouco diferente. Mas, se já não sou Alice, quem serei?

Depois desse solilóquio, puro Hamlet, vem a investigação:

— Tenho a certeza de que não sou Ada, porque ela tem longas madeixas e eu, nenhuma. Tampouco posso ser Mabel porque sei muitas coisas e ela... puxa, como é ignorante!

E tem esta conclusão sublime:

— Por outro lado, ela é ela e eu sou eu!

São essas respostas e conclusões infantis que nos espantam por sua perspicácia, embora revestidas por uma argumentação infantil, tão justa.

Como o autor adivinhou essa criança?

Poderão dizer:

— Ora! Qualquer um adivinha. Todos nós fomos crianças, ou pelo menos a maioria.

A criança que fomos está morta e enterrada. Talvez apareça de vez em quando, nos sonhos.

Muitos são os bichos que freqüentam esse indescritível País das Maravilhas. Só no primeiro momento aparecem o Rato, o Pingüim, a Águia, o Papagaio, o Caranguejo, a Gralha, o Canário e muitos outros animais de pêlo, carapaça e penas. E principalmente o Coelho, que vai e vem atrás de uma pretensa duquesa. E a Toupeira, e Bill, que é uma lagarta.

A questão da identidade de Alice retorna quando ela conversa com o Bicho-da-Seda:

— Quem é você? — pergunta a Lagarta.

— Eu nem sei se sei. Até hoje cedo eu sabia, mas acho que já mudei várias vezes durante este dia...

— Não entendo suas palavras. Explique-se melhor.

— Sinto-me incapaz de me explicar melhor, senhor Bicho-da-Seda. Não compreende que eu já não sou mais eu?

— Não entendo absolutamente nada.

— Lamento não poder me explicar. Mas, quando o senhor se transformar em crisálida e depois em borboleta, também se sentirá esquisito.

— Tenho a certeza que não.

— Bem, seu modo de sentir deve ser muito diferente do meu. Tenho certeza de que eu me sentiria esquisita.

— Você? — volveu o Bicho-da-Seda, em tom de desdém. — E posso saber, finalmente, quem é você?

A floresta inundou-se de bichinhos, que Alice já conhecia do lago que suas lágrimas haviam produzido, numa das muitas cenas estranhas que ela ia vivendo: ali se reuniram tartarugas, papagaios, grilos, lagartixas, caracóis, cigarras, bandos de passarinhos. Logo se formou uma orquestra, a mais exótica que alguém possa imaginar, destacando-se, como é natural, o canto afinado de cada bando de pássaros.

Uma das passagens mais bonitas e de grande inventividade é aquela em que aparece o Gato de Cheshire. O diálogo é delicioso e o aparecimento e desaparecimento do gato são esta raridade:

Primeiro desapareceu o rabo, depois o corpo e por fim a cara, embora se continuasse a ver o sorriso. Quando este, por fim, desapareceu, Alice pensou: "Que esquisito! A última coisa a sumir foi o sorriso! Já é estranho ver um gato sorrindo, muito mais ainda é ver um sorriso sem gato!".

Vejam este diálogo entre a menina e o Chapeleiro:

— Responda-me, qual a semelhança entre um corvo e um escriturário?

— Acho que não sei.

— E o que faz a diferença entre uma coisa e outra?

— Assim de momento, acho que também não sei.

— Então, quando for fazer compra, fique atenta para não lhe darem uma coisa por outra.

A Rainha que aparece é tão imprevista quanto tudo o mais, como o Rei, o Carrasco, a Duquesa. Tudo tão imaginoso, tão real, tão verídico, tão sonho!

E, de súbito, Alice escutou:

— Alice! Alice, acorde! Você já dormiu demais!

Estavam ainda na beira do rio e a irmã a chamava.

— Que sonho esquisito eu tive! — disse Alice.

E contou todas as peripécias do sonho.

Alice correu para casa, achando que a irmã a seguia. Contudo, ela ficou ainda no mesmo lugar, imaginando o que Alice tinha sonhado.

Levada pela mágica do que ouvira, fechou os olhos e achou que via os fatos que a irmã havia sonhado: parecia estar vendo o Coelho Branco, aparecendo repentinamente à sua frente. O Rato atravessando um brejo que por ali havia. Pareceu-lhe ouvir o retinir das xícaras do chá servido pelo Chapeleiro à Lebre Cabeçuda e ao Rato Silvestre. Pensou até que ouvia a voz furiosa da Rainha de Copas, condenando a esmo pessoas à morte. Lembrou-se do bebê convertido num leitãozinho. Quase ouviu a Duquesa espirrar, enquanto a louça atirada pela Cozinheira ia destroçar-se na parede. Parecia escutar as palavras do Grifo, misturadas com as lamentações da Falsa Tartaruga.

E dessa maneira a irmã de Alice viajou também por um momento ao País das Maravilhas, mas sabia que, quando abrisse os olhos, tudo sumiria. O que, na verdade, revolvia a grama era o vento, não o Coelho Branco. O que remexia no charco eram uns bambus. O que parecia tilintar de xícaras eram guizos de um rebanho. O que soava como gritos da Rainha eram os chamados de um pastorzinho. Os ruídos da casa da Duquesa eram os que vinham da grande casa vizinha. E os lamentos da Falsa Tartaruga era apenas o balir das ovelhas.

O sonho dos amores impossíveis

Certa vez uma andorinha negra, de pescoço branco, já tonta do sol de dezembro, pousou no fio do telégrafo, sem se dar conta do perigo, para ouvir as notícias. Depois disso, chilreando, continuou por lá.

Ali perto, correndo e rumorejando sob a luz do dia, um rio também cantava, como lhe era facultado pela natureza. Dentro dele, pequenos seixos rolavam marcando o compasso. Dentro das águas, nadava o Peixinho mais ligeiro, lâmina de prata entre as águas. Ficou inerte por um momento, sacudiu um rabinho nervoso e agitou as barbatanas. Peixe não fala, mas o desta história foi agraciado com uma voz bonita, e até entendia as palavras da canção da ave feliz.

— Andorinha, andorinhão, vem para cá! A água está gostosa, o rio é manso, estou sozinho, você está sozinha! Vamos juntar as nossas duas solidões.

— Isto é um poema, amigo Peixe?

— É sim, Andorinha do meu coração. Nosso amor é um poema.

— Nosso amor? Você vai indo depressa demais. Eu ainda não disse nada.

E foi assim que começou o namoro da Andorinha, pousada no fio, ouvindo as notícias do mundo, com o Peixe, rente às águas do riacho, fora do mundo, onde as notícias não chegavam.

Muitos encontros tiveram, se se pode chamar de encontro um na horizontal, dentro d'água, e a outra muito inquieta, empoleirada nos longos fios. Estendidos até muito além, de onde ela partia como um raio para o infinito.

Esse tal Peixe desconhecia que amores a distância eram um assunto de que ele entendia muito pouco.

— Chegue mais perto, Andorinha!

Ela não respondia.

Até que o Peixe impacientou-se. Não lhe agradava esse adeus diário.

— Quer casar comigo, Andorinha? — ele propôs. Em seguida nadou em círculos rápidos, feliz da vida, rabeou por muito tempo, por ter conseguido que a Andorinha ouvisse sua proposta. Ela costumava ficar tão pouco!

— Como assim? — chilreou ela. E sua voz soou como uma gargalhada.

— Você não me ama — disse ele. Estava com os olhos e o rosto molhados, mas não de lágrimas.

— Está chorando, Peixinho?

— Não. Não se mora na água sem se molhar.

Depois de ter dito do modo mais elegante que podia essa sentença, imergiu até as areias claras do fundo, onde, sozinho, se pôs a chorar.

No dia seguinte, a Andorinha não achou o namorado. Ficou por um tempo por ali, afinal se foi.

No segundo dia ele também não apareceu.

— Peixinho! Peixinho! — chamou, com insistência.

Nenhum peixe veio à tona, e a canção das águas, pela primeira vez, pareceu-lhe muito triste.

Assim, no terceiro dia, ela mal chegou foi logo dizendo ao Peixinho, que, arrependido da zanga, subira à superfície:

— Vamos nos casar, hoje ou amanhã ou qualquer dia. Se você me ama o suficiente para morar no alto da árvore, onde preciso fazer o ninho. Tem de ser no alto, escondido, por causa da raposa, do gavião e de outros inimigos que se alimentam dos filhotes. São uns monstros. Senão, o remédio é construir o ninho nos beirais do telhado da casa do bicho-homem. Bem na beiradinha, alto, alto, quase no céu. Porque lá na casa do homem mora um animal mais terrível do que os outros. Grandes unhas, olhos verdes, acesos como dois faróis. Pisada macia, quando a gente percebe, já está quase nos agarrando. Gato é o nome dele.

— Gato? — desprezou o Peixe. — Gato tem medo d'água.

— Talvez, mas é sempre perigoso para as andorinhas e para os pombos, que também fazem seus ninhos nos beirais.

— Venha fazer o nosso ninho no fundo do rio. Não existe gato que consiga alcançá-lo.

— Até amanhã! — disse a Andorinha, no seu modo rápido de existir.

A Andorinha passou alguns dias sem aparecer.

— Está se vingando — meditou o Peixinho, filosoficamente. — Isso acontece entre os casais.

E, agitando o leme do rabinho, subiu até a superfície para apanhar um inseto descuidado.

Três dias depois ela apareceu, voando velozmente, em direção ao riacho.

— Onde esteve, Andorinhazinha? — perguntou o Peixe, apressado. — Quase morri de saudade.

— Eu estava por aí — ela chilreou —, procurando uma árvore para nossa casa, já que vamos nos casar. Procurei pelo bosque uma bem cheia de ramos e folhas, tortuosa.

— Por que você teve tanto trabalho? Você deve saber que para mim é impossível viver em árvores.

— Por que não pode?

— Não fui feito para isso, não tenho órgãos para respirar fora d'água. Além do que, no reino dos peixes, são as mulheres que acompanham os maridos, e não o contrário.

— Então, você não me ama! — gemeu ela. E zuniu pelo céu, perdendo-se de vista num segundo.

— Ela voltará — pensou o Peixinho, desviando-se cuidadosamente de uma minhoca que dançava presa num objeto esquisito. — Aí estão os homens novamente, tentando pegar-nos. Só caem nessa armadilha os peixes otários.

Na aurora seguinte, a Andorinha estava pousada no fio.

— Andorinha! Andorinha! — gritou ele, exaltado. — Veio para se casar comigo? Venha para o fundo do rio! Lá eu tenho tudo que precisamos. Alimentos não faltam, raízes de aguapés e de nenúfares. E, para o lazer, a paisagem mais linda do mundo, dentro da água transparente, inteiramente feita de cristais, refletindo o sol.

A pobre avezinha engoliu um soluço:

— Ai de mim, meu Peixinho querido! Eu não posso viver n'água. Caio aí e morro afogada. Onde faremos a nossa casa? Que lugar existe neste mundo onde possam viver juntos um Peixe e uma Andorinha?

(Tão impossível como certos amores dos homens!)

O delírio místico de Dionísio

Sêmele, filha mortal do herói tebano Cadmo, era também descendente de deuses. Foi amada por Zeus e dele engravidara, com o que atraiu para si o ódio de Hera. Estava a linda Sêmele descansando, vivendo tranqüilamente, no palácio onde residia, em Tebas. Certo dia, apareceu-lhe uma velha senhora, na verdade, Hera disfarçada, oferecendo-se para cuidar da moça, mas na verdade sua intenção era insuflar dúvidas no espírito de Sêmele. Afirmou que poderia prever o que aconteceria ao seu futuro filho. Com agradáveis palavras, conquistou a confiança da jovem.

— Se és na verdade amada pelo pai dos deuses, deves ser tratada como deusa da mais alta categoria. Se ele te distinguiu como amante, tem de te distinguir como rainha entre as deusas.

— Eu e minha família não temos acesso ao Olimpo. Meu pai foi apenas rei de Tebas, não um deus.

— O que ouvi é diverso do que dizes. Contaram que ele saiu em perseguição à ninfa Europa, quando ela foi seqüestrada por Zeus, e que o oráculo o mandou parar. E o oráculo disse ainda que Cadmo deveria escolher um local para fundar uma cidade e, para isso, teria de seguir uma vaquinha até que ela caísse de pura exaustão.

— Disso eu sei, faz parte da história de nossa família. Meu pai saiu da cidade, atravessou a Fócida e viu, nos rebanhos de Pélagon, filho de Anfidamas, uma vaca carregando no lombo o disco branco, sinal da Lua. Ele a seguiu através da Beócia. Quando a vaca se deitou, meu pai sentiu que o oráculo se cumprira. Enviou dois companheiros em busca de água, mas, na fonte, um dragão os devorou. Então, meu pai matou o dragão, que era filho de Ares. Atena protegeu meu pai, aconselhando-o a semear na terra os dentes do monstro; dos dentes nasceram vários homens armados agressivos.

— E que fez o teu pai?

— Atirou pedras entre eles. Aqueles homens semeados, ignorando quem os atacava, agrediram-se mutuamente e acabaram por matar-se uns aos outros. A morte do dragão teve de ser vingada, e meu pai serviu Ares durante oito anos como escravo.

— A história é esta, mas depois da penitência, Zeus lhe deu por mulher, Harmônia, tua mãe, filha de Ares e de Afrodite. Houve grande festa na celebração do casamento, todos os deuses apresentaram-se levando presentes. E, durante a cerimônia, as musas cantavam. Vês que tu e os teus estais à altura dos deuses. Como pensas que não tendes acesso ao Olimpo?

— O que iríamos fazer lá?

— Zeus te tratarás como se tratam as deusas olímpicas. Tu lhe dás amor, tu lhe deste o teu corpo adolescente cheio de frescor.

— Sim — concordou Sêmele, entrando em pleno sonho, o olhar distante, fixado no futuro.

— O teu filho será um semideus, imortal, filho do deus de todos os deuses do Olimpo. Deves exigir do teu amante algo de extraordinário.

— Extraordinário! — repetiu Sêmele, sonhadora. — O que seria?

— No mínimo que te trates como deusa...

— Como deusa... — Sêmele sorriu. — Mas como?

— Se ele é verdadeiramente Zeus, faças com que dês uma prova disso. Que ele faça para a amada que escolheu o que faz cotidianamente onde mora, que se mostre em todo o seu esplendor, como anda no Olimpo.

Notando o interesse de Sêmele, a velha senhora prosseguiu:

— Que te apareças em toda a sua glória, espalhando sua luz ofuscante, segurando o raio. Creio que jamais o viste assim. Como te consideras pouco esse deus mulherengo e indigno!

Com estas palavras, Hera se despediu. Voou para o Olimpo, onde esperava o resultado de sua maldade. Assim fazia Hera, a cruel esposa de Zeus, quando o ciúme que tinha dos amores terrenos do marido a levava a tais intentos.

Zeus se surpreendeu com o imprevisto desejo de Sêmele e tentou fazê-la voltar atrás.

— Não estás preparada para me ver assim. É uma visão aterradora para os mortais.

— Não me amas! — dizia ela chorosa.

— Mas é para o teu bem que me apresento como criatura singela.

Em vão. Sêmele estava decidida. Zeus era impetuoso e impaciente. Apenas para atendê-la e terminar a discussão, incorporou-se subitamente como Zeus Olímpico, em pleno esplendor. O corpo mortal de Sêmele não suportou aquela luz ofuscante, circundada de clarões, o fogo dos raios que cruzava o ar com grande estrondo dos trovões, e tombou fulminada, transformando-se em cinzas.

Sêmele morreu, mas não a criança em gestação. Zeus apanhou-a precipitadamente, cortou a própria coxa, introduziu-a ali e, ao termo dos nove meses, nasceu vivo e sadio Dionísio, também chamado Baco.

E começou a peregrinação desse menino-deus, porque recomeçara, agora contra ele, a perseguição de Hera, inconformada.

Zeus entregou Dionísio a Hermes, o mensageiro dos deuses, que por sua vez confiou-o a Atamas e Io, rei e rainha de Orcômeno, região bem distante.

— Cubram o menino com vestes femininas — alertou o mensageiro. — É filho de Zeus e Sêmele, e Hera, ciumenta, quer assassiná-lo.

Hera recorreu ao Sol e encontrou Dionísio, sem se deixar enganar pelas roupas que ele trajava. Sabendo disso, Zeus entregou rapidamente Dionísio às ninfas, em Nisa, na Ásia, para que não o alcançasse o ódio de Hera. As ninfas que o criaram mais tarde foram recompensadas por Zeus, que as transformou na constelação de Hiades.

Dionísio foi incessantemente perseguido por Hera. Adulto, descobriu as vinhas e a maneira de extrair delas o vinho. Hera o alcançou e o enlouqueceu. Na sua triste forma de bode, Dionísio errou pelo Egito, pela Síria e pela Ásia, até encontrar a deusa Cibele, na Frígia, que o curou da loucura e o iniciou nos ritos do seu culto. O rei Licurgo, da Trácia, teve a intenção de aprisionar Dionísio, mas a cólera do deus foi tamanha que somente sacrificando-o foi possível amainá-la. Licurgo teve pés e mãos amarrados na cauda de quatro cavalos que, açoitados, dispararam, esquartejando-o.

Dionísio foi para a Índia acompanhado de seu cortejo. Seu carro triunfal era puxado por quatro panteras, e diante dele iam os silenos, as bacantes, os sátiros, e divindades menores, como Príapo. Dionísio retornou à Grécia, conquistou a Beócia, rumou a Tebas, e lá introduziu as bacanais, festas em que o povo inteiro, todos, mas principalmente as mulheres, caíam num delírio místico, atravessando as cidades e os campos totalmente alucinados, aos pulos e aos gritos. As procissões do chamado deus-bode eram tumultuosas. Nas suas festas havia representações com máscaras, o que originou a comédia e a tragédia gregas.

Eram consagrados ao deus o touro, o bode, o burro, o cabrito, o pavão, a corça, o tigre, o lince e a fênix. Entre os vegetais, a vinha, a hera, o carvalho, o mirto, a figueira e o pinheiro. Na celebração do seu culto orgiástico entravam a flauta, a siringe, os tambores e os címbalos.

O filho do rajá e a princesa Laili

Numa região da Índia, morava um rapaz de nome Sarkap, que gostava de caçar. Era o único filho do rajá, por isso sua mãe temia por ele. Dizia-lhe que poderia andar à vontade pelos três lados do bosque, mas que nunca se dirigisse ao quarto. Não disse o motivo ao filho, pois sabia que ele era obediente. Na verdade, a mãe temia que ele encontrasse a princesa Laili, que morava por lá, e nunca mais voltasse para casa.

Sarkap caçava todos os dias e, certa vez, intrigado com as palavras da mãe, rumou ao quarto lado do bosque. Ao chegar, viu um bando de papagaios e atirou-lhes flechas. Todos saíram em revoada, menos um deles, que permaneceu impassível no galho. Era o chefe do bando e os chamou de volta, repreendendo-os por não o escoltarem e ameaçando-os de que, se fizessem aquilo de novo, ele contaria à princesa Laili.

O jovem ficou curioso e perguntou onde morava a princesa, ao que o chefe do bando respondeu que ele jamais a encontraria. Consternado, Sarkap voltou para casa, atirou-se na cama e por lá ficou, macambúzio, sem nada comer. Até que um dia, levantou-se e anunciou aos pais que iria em busca da princesa Laili. Foram inúteis os protestos dos pais. Laili vivia num lugar desconhecido e ele não a encontraria, podendo perder a vida.

E Sarkap partiu, vestido com belos trajes e montado sobre um majestoso cavalo, presente do rajá, que lhe deu, ainda, um saco de rúpias. A mãe fizera uma trouxa com frutas e doces. Muniu-se de arco e flecha e lá se foi, floresta adentro. Chegou a um poço, refrescou-se e sentou para comer uma fruta. Ao abrir a trouxa, viu que, em cada fruta e em cada doce, havia uma formiga. Deixou a trouxa para elas e já começava a juntar suas coisas, para continuar a viagem, quando veio ao seu encontro a rainha das formigas. Ela agradeceu a bondade do rapaz e disse-lhe que, se estivesse em perigo, pensasse nelas, que seria acudido.

Continuando sua viagem, Sarkap topou com um tigre deitado, rugindo de dor. Sarkap viu que ele tinha um enorme espinho fincado na pata. O jovem, penalizado, chegou de mansinho perto da fera e, vendo que não oferecia perigo, tratou de tirar o espinho que tanta dor lhe trazia.

Ao colocar a ponta da faca na pata do tigre, ele rugiu tão alto que sua mulher veio correndo em seu auxílio. O tigre disse a Sarkap que se escondesse ou sua mulher o comeria. Quando ela viu que o jovem havia feito bem ao tigre, quis conhecê-lo. Como agradecimento, hospedaram-no em sua toca por três dias. Mas Sarkap queria achar a princesa e despediu-se deles. A tigresa disse-lhe que, caso se encontrasse em perigo, pensasse neles, e eles viriam em seu socorro.

O jovem continuou o seu caminho e encontrou quatro faquires lamentando a morte de seu mestre, que lhes havia legado quatro objetos: uma cama que levava as pessoas aonde ordenassem: uma bolsa que se encheria de jóias, alimentos e vestes; um jarro cuja água nunca acabava; um cajado com uma corda que atacaria os inimigos e os amarraria. Os faquires estavam dividindo entre si os objetos, mas não chegavam a um acordo. Sarkap propôs-lhes uma solução: atiraria ao longe quatro flechas. Quem pegasse a primeira, ficaria com a cama; a segunda, daria direito à bolsa; quem apanhasse a terceira, teria o jarro; e a quarta, o bastão com a corda.

Assim que atirou as flechas e os quatro faquires correram para apoderar-se delas, Sarkap afugentou seu cavalo, deitou-se na cama, tomou o jarro, a corda e o bastão e ordenou à cama que o levasse aos domínios da princesa Laili. A cama alçou vôo e levou-o ao reino.

Sarkap percorreu as ruas e foi parar numa casa onde morava uma velha e pediu-lhe pouso. Como eram proibidos estrangeiros no reino, a velha disse a Sarkap que fingisse ser seu afilhado e dormisse lá sob a condição de partir na manhã seguinte. Caso não o fizesse, o marajá mandaria matar os dois.

No momento em que a velha começou a preparar o jantar, Sarkap disse-lhe que teria prazer em oferecer-lhe comida, e ordenou à bolsa que lhe servisse duas refeições. No mesmo instante, tirou de dentro da bolsa um lauto jantar servido em pratos de ouro. Tomou o vaso e pediu-lhe água, e veio água em abundância. Chegada a noite, como a velha não acendesse a luz, Sarkap pediu-lhe que assim fizesse. Ela disse-lhe que não era necessário, pois assim o marajá decidira. Ao anoitecer, sua filha Laili abandonava o palácio, sentava-se em cima dele e brilhava mais que qualquer luz, clareando as terras como se fosse dia.

Por fim, fez-se noite cerrada e a princesa enfeitou-se com roupas magníficas e jóias, adornando a cabeça com uma coroa de diamantes. Tão bela estava que iluminou a noite ao sentar-se sobre o palácio.

Sarkap ficou maravilhado diante de tanta beleza e imponência. Mas logo deu meia-noite e a princesa recolheu-se ao palácio. Sarkap sentou-se na cama e ordenou-lhe que o levasse aos aposentos de Laili. E assim ele foi levado ao quarto da princesa, que já adormecera. O jovem, então, pediu à bolsa que lhe desse uma boa porção de bétele, uma erva raríssima naquele reino, que provoca um estado de sonho embriagador, e deixou-a no quarto de Laili.

No dia seguinte, os criados da princesa acharam o bétele e o mascaram. Vendo a cena, a princesa perguntou-lhes onde haviam achado a erva, ao que responderam que estava lá mesmo, em seu quarto. Ninguém sabia de onde viera.

A velha já estava mandando Sarkap partir, quando ele se disse indisposto, pedindo-lhe para ficar por mais um dia. A velhinha concordou. Fizeram novas e fartas refeições tiradas da bolsa e beberam água fresquinha do jarro.

Chegada a noite, a princesa, outra vez, de cima do palácio, iluminava o reino; à meia-noite, retirou-se. Sarkap voou até Laili, já adormecida, e pediu à bolsa que lhe desse um xale luxuoso, que ele estendeu sobre a moça.

No dia seguinte, qual não foi a surpresa de Laili ao ver o xale! Ela o apanhou e mostrou à esposa do marajá, que lhe disse ter sido enviado pelo deus Deva, como presente.

Enquanto isso, Sarkap era convidado novamente pela boa senhora a se retirar do reino. Como ele alegou ainda não se sentir bem, ela permitiu-lhe que ficasse por mais uns dias.

E à noite daquele dia, deu-se o mesmo. Depois de iluminar o reino, Laili foi dormir, Sarkap voou ao palácio e pediu à bolsa que desta vez lhe desse um anel esplendoroso, que colocou no dedo da moça. Mas Laili acordou e estranhou a presença do jovem. Sarkap acalmou-a, dizendo ser o filho de um rajá, que viera de longe para vê-la depois que soube, pelos papagaios, da sua existência. Laili disse-lhe que se fosse rajá, não morreria, e que iria falar ao seu pai, o marajá, que queria desposá-lo. Despediram-se e ele retornou à casa da velha senhora.

Ao contar sua aventura à mulher, ela, que já gostava do rapaz, rogou-lhe que desistisse do seu intento e que partisse naquele momento, pois vários príncipes já haviam tentado casar-se com Laili e morreram, pois o marajá impunha tarefas impossíveis aos pretendentes da filha. Sarkap, apaixonado, não ouviu o conselho.

Nesse meio tempo, Laili contara à mãe o ocorrido. A esposa do marajá dirigiu-se ao marido, que impôs o seguinte a Sarkap: extrair o óleo de noventa quilos de sementes de mostarda em um dia ou morreria.

O príncipe foi trazido à presença do marajá e, ouvindo a proposta, desesperou-se. Como conseguiria cumprir esta façanha em apenas um dia? De repente, lembrou-se da formiga, que lhe veio ao encontro, dizendo-lhe para dormir sossegado, que amanhã Sarkap levaria o óleo ao marajá.

Na manhã seguinte, tomou o pote de óleo e deu-o ao marajá. Não satisfeito, este deu-lhe nova incumbência: lutar com dois demônios que o perturbavam e matá-los. O rei queria livrar-se deles.

Novamente desolado, o filho do rajá retornou à casa da velha, lamentando sua situação, até que se lembrou do tigre.

— Não se preocupe — disse o tigre. — Eu e minha mulher os mataremos.

Sarkap pediu à bolsa dois mantos, um de ouro e outro de diamantes, para que os tigres os vestissem, e levou-os ao marajá. Pediu-lhe se os tigres poderiam lutar com os demônios em seu lugar, ao que o monarca consentiu, pois queria vê-los mortos de qualquer maneira.

Houve uma luta longa e perigosa, mas, por fim, os tigres mataram os demônios. O marajá rejubilou-se, mas propôs ainda outra missão a Sarkap: tocar o timbale que havia no céu. Ora, essa era fácil. Voou com sua cama até o céu, alcançou o timbale e o tocou. Mesmo assim cumprida aquela tarefa, o marajá, impressionado com a capacidade de Sarkap, ainda impôs-lhe outra dificuldade: que arrancasse uma gigantesca árvore em frente ao templo, cujo tronco era de avantajada circunferência, que se prendia ao solo por profundas e vigorosas raízes, que estavam inchando e podiam fazer desmoronar o templo. Ninguém ousara tentar remover a árvore porque ela cairia bem em cima da aldeia e, com o choque, devastaria a cidade.

Sarkap, desanimado, voltou para casa. O moço lamentou-se com a bondosa senhora que, se não aparecesse na manhã do dia seguinte, era porque o rei o matara. Como arrancar aquela árvore que se alçava bem acima das montanhas e impedia a visão do palácio? Foi para seu quarto e lembrou-se da corda e do cajado e pediu-lhes que cumprissem aquela tarefa. Na hora que tocou o bastão, saltaram dele milhares de vigorosos gigantes camponeses, e ao tocar a corda surgiram outros milhares de imensos objetos de ferro com a ponta serrilhada, apropriados ao uso dos gigantes camponeses. Enviou-os até a grandiosa árvore; os gigantes eram tantos que conseguiram rodear a árvore e, serrando silenciosamente o tronco, a árvore começou a despencar. Para que não caísse sobre a aldeia e a esmagasse, tomaram-na, ainda quando caía, e a levaram para a floresta.

No dia seguinte, vendo a proeza do rapaz, o marajá sentiu grande admiração. Mas impôs-lhe ainda uma tarefa, que desta vez jurou pela sua palavra real que seria a última: que cortasse ao meio um imenso tronco que havia diante do palácio com um machadinho de cera.

Voltando à casa da velha, Sarkap, desta vez, tinha quase certeza de que o rei o mataria. Pensava em tudo o que já fizera e nada contentava o marajá. Tivera a ajuda das formigas, dos tigres e da cama, mas, nesta empreitada, quem o auxiliaria?

À noite, voou em sua cama aos aposentos da princesa e lamentou sua sina. Mas a princesa tinha a solução: arrancou um fio de cabelo e deu-o a Sarkap, instruindo-o, assegurando-se de que não havia ninguém por perto, para chegar perto do tronco e ordenar-lhe que se partisse em dois em nome da princesa Laili. E que o tocasse com o fio de cabelo. Tomou do machadinho e grudou o fio nele.

Na manhã seguinte, Sarkap seguiu todos os passos que a princesa havia lhe ensinado e o tronco se partiu.

Quando o rei viu o feito, deu a mão da princesa Laili ao filho do rajá.

À festa de casamento, compareceram todo o reino e marajás e rajás de países vizinhos. Todos comeram, beberam, dançaram, em grande alegria.

Passados poucos dias, Sarkap retornou à sua terra para ver os pais. O marajá presenteou o casal com camelos, cavalos, rúpias e serviçais para seguirem viagem.

Sarkap nunca se desfez da bolsa, do vaso, da cama, do bastão e da corda. Porém nunca mais necessitou usá-los.

E o sonho tem de continuar...

Há, ainda, muito a dizer sobre a arte de sonhar. As histórias não se encerram aqui, mesmo porque em todos os tempos, em cada canto e recanto, sempre houve e sempre haverá sonha-dores. Alguns se lançaram a empreendimentos valorosos, desbravando florestas, combatendo vilões, ampliando territórios. Outros saíram a semear com o sonho bem arranjado de ver a semente caindo, em terra fértil, e de testemunhar seu florescimento. O jardim ganha nova roupagem com os sonhadores semeadores.

A revolução armada cumpriu o seu papel em tempos de faraós e guerreiros persas, romanos, gregos e outros tantos. A revolução pacífica foi ainda mais valorosa. O jovem de Nazaré, Jesus Cristo, assombrava com sua capacidade de transformar sonhos em pequenas histórias, em singelos gestos. A revolução pacífica teve Gandhi e Martin Luther King. Abraçaram causas, anteciparam acontecimentos, ousaram lutar pela liberdade. Liberdade de um povo, de uma raça, de uma geração. E o legado continua fazendo história e contagiando mulheres e homens para essa dimensão de igualdade, respeito, dignidade.

Em dias atuais, podemos falar de uma outra revolução: a revolução das idéias, que carece, e muito, de novos sonhadores. As novas idéias que quebram antigos paradigmas. O amor que vence o ódio e a agressividade, como provava uma tal Sherazade. A confiança que vence a dúvida — e José aceitou Maria como esposa. A humildade que vence a arrogância, e o quanto de singelo têm essas histórias — mitológicas ou religiosas, de príncipes e princesas ou de cínicos silenos, que não titubeavam em preparar ciladas. E o embalo das histórias contadas, dos ensinamentos que precisam mudar e precisam permanecer. Mudam as exigências, os tempos, a tecnologia, os avanços de uma evolução cada vez mais avassaladora. Permanecem os valores. Platão já falava em amizade, afeto. Aristóteles também. E o valor continua. Sabedoria, acolhimento, ética, respeito, paz. Não há tecnologia que mude essas sendas que conduzem à felicidade.

E os sonhadores continuam a sonhar. Mesmo que o sonho esteja distante, que habite a névoa, que se localize no alto de uma montanha escarpada. É preciso prosseguir a jornada. A escravidão há de dar lugar à aurora. Pobre daquele que fecha os olhos e não entende que, depois da noite, há um amanhecer que desperta o sol, que faz os passarinhos cantarolarem e uma tal andorinha encantada sonhar com algum lugar em que possa amar um peixinho dourado. Os que dormem sem a perspectiva do amanhecer não acordam nunca, e a alma permanece povoada de escuridão, que leva à angústia, ao enclausuramento, ao abandono dos ideais.

Os sonhadores contagiam porque não desanimam jamais. A jornada é espinhosa, mas as flores nunca deixaram de fazer parte da paisagem.

Se há problemas, há soluções. Se há dor, há força suficiente para cicatrizar as feridas.

E o tempo assiste à aventura humana como espectador privilegiado.

Eis nosso singelo intento: despertar o gigante adormecido. Relembrar os deleites do sonho. Porque sonhadores, todos somos. Às vezes, não sabemos disso e desperdiçamos os dons que de Deus recebemos. O chamamento é para a felicidade, nossa maior vocação. Essas histórias ficam por aqui. As outras podem ser encontradas em tantos outros livros, que ajudam na viagem mágica que temos de fazer em nosso interior. E outras ainda serão construídas. Quem sabe você ocupe um lugar de destaque em seu enredo?

Bons sonhos!

CTP, IMPRESSÃO e ACABAMENTO

IBEP GRÁFICA

Av. Alexandre Mackenzie, 619 - Jaguaré - SP - CEP 05322-000
Tel.: (11) 6099 7799 (PABX) - ramais 1408 - 1411 - São Paulo - Brasil